KB117923

워크디자인

불안의 시대,
어떻게 '일'해서 생존할 것인가?

Work Design

최혜은 · 쟈스민 한 지음

워크디자인

21세기북스

우리 삶의 많은 부분을 차지하고 있는 일, 그리고 일 속에서 발현되는 우리 삶의 가치, 어떻게 이 두 세계를 분리하고 살 수 있을까? 커리어Career를 넘어서 일Work, 그리고 삶Life에 대한 통찰을 쏟아내는 데 거침없다. 이해하기 쉽고 잘 읽힌다. 일을 처음 시작하는 청년들, 그리고 나와 같이 제2의 직업 Second Journey이 필요한 이들도 좋은 스텝을 밟게 도와준다. 좀 더 젊었을 때 이런 책을 만났더라면 나는 지금 어느 자리에 서 있게 됐을지 궁금해진다. 인사쟁이로 30년 넘게 일을 했고, '일을 하는 주체로서의 사람'에 대한 고민을 많이 했다고 생각했는데, 작가 두 분의 젊은 지성과 통찰력을 만나니 기쁨과 놀라움이 멈추지 않는다. 이제는 경력 개발Career Development이 아니라 워크디자인Work Design이다! 이것을 차근차근 실행하도록 도와주는 4S라는 도구는 많은 사람의 삶을 변화시킬 것이다.

— 이강란(AIA 생명 CHRO 전무)

자신의 커리어가 안개 속에서 헤매고 있거나 방향을 잡기 위해 고민할 때 지속적으로 들여다보면서 1:1 컨설팅을 받을 수 있는 커리어 컨설턴트와 같은 책이다. 누구라도 겪어보았음 직한 사례를 통해 업무의 딜레마를 잘 담고 있어 한자리에서 한숨에 다 읽을 수 있다. 거기에서 끝이 아니다. 자신이 현재 무엇을 잘하고 있고 무엇을 놓치고 있는지 보여준다. 이제 답을 찾는 것은 당신의 몫이다. 바로 지금 컨설팅을 받으라.

— 타라 윤Tara Yoon(글로벌 IT 회사 전략팀 매니저)

데카르트는 이야기했다. '나는 생각한다. 고로 나는 존재한다.'

나는 이렇게 이야기한다. '나는 일한다. 고로 나는 존재한다.'

변화와 혼돈, 그리고 불안한 시대를 잘 살아내는 유일한 길은 자신을 찾는 일, 그리고 자신의 일·직업·소명을 찾는 일이다. 자신의 일을 찾기 위한 최적의 책이자 근래 보기 드문 책인 『워크디자인』을 강력 추천한다.

— 황철호(건축가, 연세대 겸임교수, 『건축을 시로 변화시킨 연금술사들』 저자)

까다롭기로 소문난 교육생들에게 '워크디자인' 기반의 취업 교육을 진행하겠다고 했을 때 모두가 우려했다. '그게 되겠어?'라고. 하지만 결과적으로 그 교육은 아이들의 인생을 바꾼 경험이 됐고, 우리에겐 가장 보람 있는 성과가 됐다. 현장에서 검증된 일에 대한 '진짜 고민과 해답'이 여기 담겨 있다.

— 강나루(매경교육센터 책임 연구원)

내 인생의 가치를 세상에서 실현하기 위해, 입사지원서와 이력서를 쥐고서 왜why와 어떻게how를 고민하고 있다면, 이 책을 당장 읽도록 하라. 취직을 고민하는 청춘, 조기퇴직을 걱정하는 40대, 경력단절을 고민하는 여성이 겪고 있는, 밥벌이에 대한 고민을 본질적으로 바꿔준다. 다양한 사례를 통해 워크디자이너가 되기 위한 기초부터 실행 방법까지 차근차근 알려준다. 당장 팀원들에게 한 권씩 안겨야겠다.

— 김인숙(시스코 시스템즈, 기술 세일즈 매니저)

> Part 1 <
일과 나, 누가 진짜 주인일까

Chapter 01 일과 나의 오묘한 관계

› Part 2 ‹
일, 다시 디자인하다

Chapter 03 ▶ 어떻게 일을 디자인할 것인가? ──────

어떻게 일해서
생존할 것인가?

2020년 7월.

이 프롤로그를 쓰고 있는 현재, 전 세계는 아직도 코로나의 공포와 불안에서 완전히 벗어나지 못하고 있다. 전 세계를 강타한 이 전염병은 우리가 일상으로 여기던 삶의 기본적인 척도들을 모두 바꾸어 놓았다. 마스크 없이 마음껏 숨을 쉬고, 돈을 모아두면 해외 여행을 갈 수 있고, 티켓을 구하면 몇백 명과 함께 공연을 관람할 수 있었던 자유는 아마 당분간은 우리에게 허락되지 않을 것이다.

모든 소비와 생산의 형태도 빠르게 '언택트Untact' 시대로 바뀌어 가고 있다. 학생들의 공부는 '온라인 강의'로, 소비자는 '온라인 쇼핑'으로, 직장인들의 일은 '재택 근무'로 바뀌었다. 학교, 시장, 회사를 가지 않고도 생산과 소비가 가능하다는 것을 전 국민이 아니 전세계가 이렇게 동시다발적으로 경험한 사례가 있을까? 흔한 말로

'만나야 일이 된다'라는 이야기는 이제 반대로 '만나지 않아야 일이 된다'로 바뀌게 될지도 모르겠다.

이런 변화 속에서 미래의 '일의 무게'는 앞으로 더 가벼워질지, 무거워질지 논의가 한창이다. 여기저기에서 코로나로 인해 겪게 될 변화를 담은 리포트와 시나리오가 매일같이 쏟아진다. 세계는 어떻게 바뀔 것인가, 힘의 크기는 어떻게 재편될 것인가에 대한 다양한 의견들 사이에서도 정작 우리의 눈은 비슷한 질문에서 머문다.

그래서 과연 나는 어떻게 일해서 먹고살아야 하는가?

다만 달라진 것은 어쩌면, 질문을 던지는 마음이 호기심에서 절박함으로 움직였다는 것뿐인지 모른다. 거대한 변화의 파도를 눈앞에서 목도하는 우리는 이미 본능적으로 알고 있다. 더 이상 과거의 관성으로 일을 할 수 없다는 것을 말이다. 포스트 코로나 시대. 이제 그 어떤 기업도, 심지어 국가도 우리에게 단단한 직업적 안정성을 부여할 수 없을 것이다. 코로나 이후의 '뉴노멀'이 적용된 노동시장은 '노동력'의 정의를 새롭게 바꾸어낼 것을 촉구하고 있다. 안전과 안정이 사라진다면, 이제 우리는 노동력을 '일을 하는 능력'이 아니라 '일을 만들어내는 능력'으로 바꾸어 다시 정의해야 할 것이다. 이 혼란의 시대에 누가 우리 개인의 일자리를 지켜줄 수 있겠는가? 결국 답은 하나다. 나를 지켜낼 수 있는 것은 나 하나뿐이고, 나의 방패는 결국 일을 만들어내는 근육이다.

다시 말해, 수동적으로 시킨 일을 하는 노동력은 사라져도 무언가를 발견해서 새롭게 기회를 만들어내는 자가 발전 능력은 포스트 코로나 이후에는 더욱더 중요한 역량의 지표가 될 것이다. 단언컨대 자신의 일을 돌아보고, 소비자를 정의하고, 그 안에서 새로운 서비스를 창출해내는 기술은, 미래의 모든 직무 기술서의 첫 문장, 그리고 마지막 문장이 될 것이다. 이러한 지식과 기술은 코로나의 전염병을 막아내는 마스크처럼, 당신의 일의 안정성을 최소한 지켜주고 막아줄 것이다.

우리는 이 같은 고민과 이를 풀어내는 방법을 '워크디자인' 즉, 일을 디자인하는 능력으로 이 책에서 소개하고자 한다. 사실 '워크디자인'은 우리 두 저자가 한국과 싱가포르에서 만나온 일하는 사람들의 심리적 갈등과 이슈를 인터뷰, 코칭, 교육 등의 채널을 통해 십수 년의 시간과 노력을 들여 축적한 질적 조사의 결과물이기도 하다. 그동안 한 명 한 명 만나며 느꼈던 도움에 대한 갈망의 눈빛을 기억하며, 우리는 실질적 변화에 영향을 줄 수 있는 콘텐츠로 정리하는 데 꽤 오랜 시간을 투자했다.

우리가 만난 사람들은 단순히 '심리학적 위안'을 얻거나, '미래의 청사진'으로 트렌드를 예측하는 것만으로는 만족하지 않았다. 그래서 이 책은 일상에서 만난 '일' 이야기를 담백하게 담아내되 가능하면 실행에 옮길 수 있는 다양한 아이디어를 최대한 실용적으로 담아내고자 애썼다.

욕심을 내보건대, 페이지를 넘길 때마다 당신의 이야기가 여기저기 담겨 있기를 바란다. 그래서 펜을 당장 들고 책에 바로 긁적거리고 싶은 근질거림을 느끼기를 희망한다. 부디 이 책이 일터에서 좌절과 부침을 겪고 있는 당신의 마음을 읽어주는 도구가 되길, 그리고 책에 소개된 다양한 방법론을 통해 일에서 기쁨과 희망을 찾는 작은 가이드북이 될 수 있기를 바란다.

혜은 & 쟈스민

의도적으로 밀고 당기는 관계를 만들려고 노력하지도 않았는데, 왜 일과 나의 관계는 늘 삐 거덕대는 것일까? 일에 재미를 좀 붙였는가 싶으면 사람 문제로 스트레스를 받고, 사람이 좋 아 시작한 일인데 전망이 없는 듯 보이면 자꾸 기운이 빠진다. 연차가 높아질수록 일에 대한 고민은 줄어들고 실력은 늘어나리라고 믿었는데, 오히려 생각지 못한 고민만 많아지고 해결 책은 좀처럼 보이지 않는다. 일에 대한 고충을 선배나 친구들에게 털어놓아도 "너만 그런 거 아니다"라는 말만 되돌아올 뿐이니, 더는 위안이 되지 않는다. 도대체 내 커리어는 어디에서 부터 잘못된 것일까? 틀어져버린 일과 나 사이의 관계를 어떻게 해야 제대로 개선할 수 있을 까? 더 이상 파고들지 말고 그저 꾹 참고 일하는 게 가장 나은 방법일까?

Part 1에서는 일로 인해 길을 잃고 영혼까지 탈탈 털린 우리들의 이야기를 되돌아보고자 한 다. 우선, 일로 야기된 '짜증과 불안'으로 힘들었던 기억들을 다시금 복기하며, 일을 둘러싼 부 정적인 감정의 근원을 살펴보자. 일은 본질적으로 생계의 수단이지만, 이상적으로는 자아실 현의 도구이기도 하다. 그 본질과 이상 사이에서 우리는 어디쯤 서 있는지 들여다보자. 지 금 하고 있는 일을 앞으로도 쭉 하자니 따분하고 지루할 것 같고, 막상 또 다른 길로 들어서 자니 두려움이 엄습하지는 않는가? 혹은 성공과 성취에 대한 욕심을 내려놓는 대신, 삶의 여 유를 선택해 뒤로 한 발 물러서기에도 썩 탐탁지는 않은가? 이제는 우리의 솔직한 얼굴을 제 대로 바라보자. 나의 욕망을 제대로 마주할 수 있을 때, 일도 우리에게 보다 더 또렷한 얼굴을 보여주며 선명한 비전을 제시할 것이다.

Part 1

일과 나, 누가 진짜 주인일까

Chapter 01

일과 나의 오묘한 관계

▼

일로 맺게 되는 다양한 관계를 가만히 들여다보면 마치 모든 관계들의 집합소 같다. 직장 동료와의 관계, 직장 상사와의 관계, 고객과의 관계, 거래처 사람들과의 관계 등 관계의 종류가 무궁무진하다. 물론, 내가 하고 있는 일과 나 사이의 관계도 빼놓을 수 없다.

일을 통해 우리는 누군가와 상상하지도 못했던 새로운 관계를 맺기도 하고, 혹은 그간의 관계를 정리하기도 한다. 일을 통해 관계를 더욱 넓게 확장해 나가는가 하면, 어떤 관계 속에 갇혀 오도 가도 못하게 될 때가 생기기도 한다. 우리는 일 덕분에 웃기도 하고, 일 때문에 울기도 한다. 그렇다면 '일을 하는 우리의 마음'은 어떻게 생겼을까?

일터에서 마주하는, 일을 둘러싼 우리의 복잡한 마음은 에이브러햄 매슬로우Abraham Maslow가 이야기한 '욕구 위계 이론'에 고스란히 담겨 있다. 매슬로우에 따르면 인간은 누구나 다섯 가지 욕구를 가지고 태어나는데, 이 욕구들에는 우선순위가 있어서 단계적으로 구분이 된다고 한다. 가장 우선적으로 충족하고자 하는 욕구는 '생리적 욕구'이며, 이것이 충족되면 안전해지고자 하는 욕구가 생긴다. 안전 욕구가 만족되면 사랑과 소속의 욕구가, 더 나아가서는 존경의 욕구가 생긴다. 마지막 단계는 자아실현의 욕구로, 매슬로우는 이것을 최고 수준의 욕구로 정의했다.

매슬로우의 연구 결과를 일터에 적용해보자. 월급을 통해 생계를 안정적으로 꾸려나갈 수 있게 되면(생리적 욕구/안전 욕구 충족), 그다음으로 우리는 직장 동료와 원만하고 안정적으로 관계를 맺고자 하는 기대를 품게 된다(사랑과 소속의 욕구). 그 기대가 만족되면 이제는 일을 통해 조직 내에서 존경과 찬사를 받고 자신의 영향력을 발휘하고 싶어진다(존경의 욕구). 그렇다면 우리는 월급도 만족스럽고, 직장 내 인간관계도 원만하고, 심지어 조직에서도 인정받으면 회사 생활에 완벽하게 만족할 수 있을까? 매슬로우의 연구 결과에 따르면 꼭 그렇지만은 않다. 인간은 최종적으로 '자아실현'의 욕구를 가진 존재이므로, 회사에서 아무리 잘나간다고 한들, 그 내면은 공허하거나 행복하지 않을 수도 있다. 자신이 하고 있는 일이 '나를 더욱 나답게' 만들어주지 않는다고 믿으면, 그 어떤 물질적·정신적 지원도 허망하게 여겨질 수 있다. 이처럼 '자아실현의 꿈'은 우리를 성장시키는 동력이 되기도 하지만, 쉽게 만족하기가 어려워서 때로는 우리를 무릎 꿇게 만들기도 한다.

일을 한다는 것은, 다른 말로 표현하자면 매 순간 변화하는 나의 다양하고 복잡한 욕구를 알아가고 그 욕구에 수반된 만족과 불만족을 확인하는 과정이라고도 할 수 있다. 취업 준비생일 때를 떠올려보자. 그때는 어느 회사에서건 합격 통지 메일이 오기만을 기다리지 않았던가. 지금 다니는 회사로부터 합격 통지 메일을 받던 순간, 나는 얼마나 기뻐했던가. 그런데 지금 내 마음은 어떠한가? 입사 확정 소식을 듣고 기뻐하던 그때 그 순간을 마치 비웃기라도 하듯, 매일 퇴사를 꿈꾸고 있지 않은가?

일이 너무 복잡해서 혹은 일이 너무 단순해서. 일이 너무 많아서 혹은 일이 너무 적어서. 같이 일하는 사람들과 말이 잘 통하지 않아서. 상사의 지원을 받지 못해서. 비전이 보이지 않아서… 우리는 저마다의 이유로 일을 하면서 꽤 자주 '불만족의 우물' 속을 헤엄친다. 만일, 일은 그저 생계의 수단이자 밥벌이에 불과하다고 치부하며 일을 통해 성취하고 싶은 욕구의 기준을 낮추면 어떤 일이 벌어질까? 그러면 사정은 조금 더 나아질까? 매달 통장에 월급이 입금되는 순간의 기쁨은 잠시, 일은 곧 서글픈 무언가가 되어버린다. 참으로 오묘한 일과 우리 사이의 관계를 확인하게 되는 순간이 아닐 수 없다.

경력의 파도타기,
나는 어떤 서퍼일까?

'일과 나'를 '바다와 서퍼Surfer'에 비유해보자. 우리는 각자의 구역에서 자기가 가지고 있는 서프보드에 몸을 의지한 채 파도를 기다렸다가, 파도 위에 올라타고, 파도 위를 미끄러져서 다시 바닷속으로 풍덩 들어간다. 서퍼들에게는 물속에서 죽지 않아야 한다는 생존의 욕구뿐만 아니라, 보다 멋진 포즈로 서핑을 하고 싶다는 꿈을 좇는 자아실현의 욕구도 복합적으로 존재한다.

실력이 있는 서퍼라고 할지라도 앞으로 어떤 파도가 다가올지, 바다에서 얼마나 유영을 오랫동안 할 수 있을지는 정확히 예측하기 어렵다. 바람이 불어오는 방향과 파도의 거친 정도는 서퍼가 관장하고 내다볼 수 있는 영역이 아니기 때문이다. 서퍼 개개인의 서핑 실력과는 별개로, 날씨와 파도는 그저 자연으로부터 주어지는 조건이다. 결국, 서핑을 잘하기 위해서 서퍼가 할 수 있는 것은 파도에 휩쓸렸을 때 위험하지 않도록 수영 실력을 기르고, 파도가 몰아칠 때마다 두려워하지 말고 몸을 서프보드에서 힘껏 올려 세워 그 아찔함을 경험해보는 일이다. 이 모든 과정은 바다에서 살아남는 과정인 동시에, 서퍼들이 추구하는 서핑의 궁극적인 목표이기도 하다. 큰 파도가 몰아쳐도 몸을 움츠리지 않고 파도를 잘 타서 보드 위에서 짜릿한 자유를 오랫동안 만끽하는 것. 오직 온몸으로 파도에 부딪혀본 서퍼들만이 느낄 수 있는 서핑의 참맛이다.

수년 전 구조 조정을 당한 직원들이 새로운 '직업'을 가질 수 있도록 심리적·기술적 지원을 할 때의 일이다. '코칭 룸'이라고 불렸던, 두 명이 간신히 앉을 수 있는 작은 방에는 책상과 두 개의 의자, 모니터와 키보드, 그리고 뽑아 쓰는 티슈 한 통이 비치되어 있었다. 매일 몇 시간 동안 '자신의 의지와 상관없이 일을 잃게 된 사람들'을 만나 그들의 이야기를 듣는 작업은, 생각보다 고통스러웠다. 나와 마주 보고 앉은 사람들 대부분은 마음 깊은 곳에 상실, 분노, 원망의 감정을 가지고 있었다. 그들은 스스로에게 '왜 하필 나에게 이런 일이 벌어졌는가?'라는 질문을 끊임없이 던지는 중이었다. 나는 그들의 굳게 닫힌 마음의 문을 어떻게 해서든 열어야만 했다.

그들 중 한두 명은 "이곳은 내가 아니라, 옆 부서의 '일 못 하는 그/그녀'가 와야 했어요"라고 소리를 지르거나 흐느끼곤 했다. 조직에 대한 배신감과 원망에 얽매여 있다 보니 지난 경력과 앞으로의 계획에 관한 이야기는 한 발자국도 진전되지 못했다.

'내가 입은 구명조끼에 구멍이 났다고? 괜찮아, 지금 죽지는 않아.'

그때 만났던 사람들이 들려준 이야기에는 공통분모가 있었다. 이들은 감당할 수 없는 파도가 몰아칠 때, 어떻게 그 파도 위에 올라타야 하는지, 어떻게 헤엄을 쳐야 하는지, 어떻게 보드에 몸을 맡기고 몸을 낮추어야 하는지에 대해서 알지 못했다. 조직이 입혀준 구명조끼에 구멍이 난 것은 알았지만, '오늘 당장 익사하지는 않겠지', '적어도 이달 치 월급과 올해 보너스까지는 보장이 되겠지'라고 안이하게 생각하며 시간을 허송세월했다고 고백했다.

이들은 파도타기가 쉽지 않으리란 사실은 암암리에 알고 있었지만, 그에 대한 준비에는 무심한 서퍼들과 같았다. 그리하여 어느 순간 파도에 휩쓸려서 입고 있던 구명조끼도, 분신처럼 여기던 보드도 모두 다 잃고 바다 한가운데에서 허우적거리게 되었다. 그들은 스스로를 '예상된 피해자'라고 일컬었다.

이들을 몇 달 동안 코칭하면서 바다로 추락한 자존감을 회복시키고, 객관적으로 자신의 직무 역량을 파악하게 하고, 다시 파도가 몰아치는 바다로 돌아가게 하는 연습을 도우며 몇 가지 깨달은 바가 있다.

첫째, 구명조끼를 점검하는 일은 오롯이 나의 몫이다. 내가 현재 조직의 구성원 자격으로 입고 있는 구명조끼의 실제 소유자는 누구일까? 그 구명조끼는 사실 회사에서 준 명함이자, 내가 회사로부터 매달 받는 월급이다. 이 구명조끼는 내가 물에 빠졌을 때, 익사하지 않도록 돕는 방패막이 되어주지만, 파도 그 자체를 막아주지는 못한다. 만일 갑자기 조직에서 그 구명조끼를 회수하겠다고 할 때, 우리는 무엇을 할 수 있을까? 구명조끼를 입고 있는 동안, 수영 실력을 비롯해서 서핑 실력을 제대로 기르지 않았다고 생각해보자. 그런 상황에서 갑자기 구명조끼를 잃게 되면 우리는 과연 어떻게 살아갈 수 있을까?

둘째, 보드에 올라탈 기초 체력은 파도가 잠잠할 때 길러야 한다. 구명조끼를 입고 있으며, 파도가 잠잠할 때야말로 수영과 서핑 연습을 치열하게 할 때이다. 오랜 서핑에도 지치지 않는 법, 높은 파도에 대처하는 법, 귀에 물이 잔뜩 들어가도 당황하지 않는 법, 심지어 다리나 팔에 쥐가 나서 어쩔 수 없이 서핑을 할 수 없을 때는 어떻게 물속에서 뜰 수 있을지를 연습해야만 한다.

적어도 계절이 바뀔 때마다 한 번씩은 자신의 직무 역량을 점검하고, 보완이 필요한 역량이 있다면 어떻게 채우고 관리할지에 대해서 조금만 더 관심을 가져보자. 그러한 습관이 모이면 훗날 입고 있던 구명조끼를 반납해야 하는 날이 갑자기 찾아오더라도, 아니면 자신의 의지로 그 조끼를 벗어던져서 더 자유로운 서퍼가 된다고 할지라도 우리는 당황하지 않고 파도를 마음껏 즐길 수 있을 것이다.

셋째, 설령 파도에 휩쓸려도 다시 돌아올 수 있는 길은 분명 있다. 아무리 유능한 서퍼라고 해도 성난 파도에는 속수무책일 수밖에 없다. 체력이 아무리 좋아도, 타고 있던 보드가 단단해도 무엇이든 집어 삼킬 것 같은 파도에는 별다른 수가 없다. 특히 최근에 우리가 마주하는 세상의 변화는 일터에 몰아치는 파도가 언젠가 우리 모두를 당혹스러운 곳으로 데려다 놓고는 이내 잠잠해져버릴지도 모른다는 무언의 암시를 준다. 아무리 서핑 실력이 탁월해도 우리에게 불어닥치는 거대한 변화 자체를 완벽히 피하거나 대처할 수는 없으니, 파도에 밀려가도 길을 잃지 않을 수 있는 직관이 필요하다. 이를 '내면의 나침반'이라고 부르는데, 망망대해에서도 길을 잃지 않고 본인이 원하는 곳으로 다시 찾아갈 수 있는 방향성과 힘을 의미한다.

즉, '나는 어떤 사람인가', '내가 원하는 일은 어떤 모습인가', '그 일을 찾기 위한 방법에는 무엇이 있을까'를 질문하고 고민할 줄 아는 '기초 체력'을 의미한다. 지금부터 그 능력을 키울 수 있는 방법에 대해 본격적으로 이야기해보자.

일이란, 나에게 무엇인가?

"당신의 일이, 사람처럼 얼굴을 가지고 있다고 상상하고 그 얼굴
을 그려보시겠어요?"

교육장에서, 코칭 룸에서 우리는 많은 사람에게 이 낯설고 엉뚱
해 보이는 작업을 요청했다. 대부분은 어색해하며 그림을 그리기
시작했다. 눈물을 흘리며 울고 있는 얼굴, 크게 웃고 있는 얼굴, 무
언가를 노려보고 있는 얼굴, 반은 웃고 반은 울고 있는 얼굴을 만났
다. 때로는 새카만 머리만 있을 뿐, 표정은 보이지 않는 그림도 있
었다. 우리가 만났던 일의 얼굴은 다양하고도 오묘했다.
이제 우리가 접한 다양한 일의 얼굴들을 살펴보도록 하자.

[Case 01_ 3세 어린아이의 얼굴]

이 얼굴의 주인공은 3세 여자아이입니다. 뛰고 싶은데 이제 막 아장아장 걸을 수밖에 없는, 덜 발달된 다리 근육을 가졌지요. 이 아이는 때로는 돌부리에 걸려 넘어지기도 하는데, 그때마다 아직 성숙하지 못한 아이 티를 내며, 짜증을 부리기도 하네요. 그래서 아이 옆에는 보호자가 필요한 것 같아요. 하고 싶은 말은 많은데 말을 잘하지 못하니 얼마나 답답한지 모릅니다. 마음을 알아주지 못하는 주변 사람들이 야속하기도 하고요!

[Case 02_ 엄한 아버지의 얼굴]

저는, 엄한 아버지의 얼굴이 떠올랐습니다. 그 얼굴이 저를 무섭게 바라보는 듯합니다. 잘하고 싶고, 좋은 모습을 보여주고 싶지만, 매번 부족함이 느껴지는 듯합니다. 그가 제 아버지인 것은 변함이 없듯, 어떻게든 일을 잘 해내려고 하는 저를 측은하게 바라보는 듯한 기분이 듭니다. 그러나 왠지 만족스럽지 않고, 답답한 기분이 드네요. 이 얼굴을 떠올리니 제가 누군가에게 잘 보이기 위해, 인정받기 위해 꾸역꾸역 뭔가를 해내고 있는 것은 아닌가 싶어요.

[Case 03_ 눈은 웃고 있지만 입은 울고 있는 얼굴]

저는 직장에서 반은 만족하고 반은 불만족하는 제 자신을 표현하고 싶었어요. 조울증은 아니에요. 제가 일하는 조직은 일의 강도가 엄청나게 세고 스트레스가 높은 편인데, 같이 일하는 동료들로부터 정말 많이 배울 수 있어서 견디고 있거든요. 육체적으로, 심리적으로 탈진이 온 것 같은 느낌이 많이 들지만, 그래도 버틸 수 있는 것은 동료들의 응원과 격려 때문이라고 생각합니다. 좀 엽기적이긴 하지만 현재 제 일에 대한 얼굴은 이렇게밖에 표현이 안 되네요.

일에 대한 막연한 생각을 의인화하여 그림으로 표현해보는 것은, 일과 내가 맺어온 일련의 복잡한 관계에서 비롯된 감정들을 수면 위로 꺼내는 용기 있는 작업이다. 얼굴을 바라보는 작업은 자신이 하는 일을 객체화하고 시각화하도록 돕는다. 관계 안에 갇혀 있지 않고, 관계 바깥으로 나와서 나의 일을 낯설게 바라보는 것. 이것이 일을 새롭게 디자인할 수 있는 첫 시작이 될 수 있다. 자, 그렇다면 이제 '내 일의 초상화'를 한번 그려볼까?

'일의 초상화'를 그릴 때는 어떤 표정을 그려도 무방하다. 다만, 꼭 알아두어야 할 점은, 이 표정이 마치 문신처럼 앞으로 영원히 없어지지 않는 기록으로 남는 것이 아니라는 사실이다. 그러니 펜을 쥔 손의 긴장을 좀 풀어보자.

우리가 짓는 표정은 아주 다양하다. 아침에는 내내 웃는 표정이었지만, 저녁에는 시무룩한 표정을 지을 수도 있다. 이런 변화무쌍함은 일에도 적용된다.

일을 의인화해서 '일의 표정을 생각하고 그려보는 작업'은 지금까지 자주 쓰지 않았던 생각의 근육을 움직이게 한다. 이 과정을 통해 오늘 내가 행한 일의 표정을 객관적으로 되돌아보게 된다.

일에 대한 응시는 내 일에 대한 깊은 이해로 자연스럽게 이어진다. 웃고 있으면 웃고 있는 그대로, 울고 있으면 울고 있는 그대로 오늘 나의 마음을 읽어주는 작은 지도로 기능한다. 종이 위에 그려진 내 일의 표정이 얼마나 생생하게 묘사되었는지, 눈/코/입이 얼마나 잘 그려졌는지는 전혀 중요하지 않다.

자, 이번에는 내가 그린 내 일의 초상화를 눈으로 볼 수 없고 귀로만 들을 수 있는 사람에게 설명한다고 가정하고, 그림의 이곳저곳을 최대한 자세하게 말로 묘사해보자. 그리고 그림 속의 얼굴이 풍기는 전체적인 인상, 기운, 에너지, 모양을 비롯해서 그렇게 그림을 그린 이유와 마음을 내 일의 초상화 하단에 문장으로도 써보자.

더불어서 내 일의 초상화를 그리기 전과 후의 느낌을 비교해보고 어떤 통찰을 얻었는지도 생각해보자.

일의 순례길을 뒤돌아보다

　스페인 '순례자의 길'을 걸어본 적이 있는가? 우리에게는 '카미노 Camino'라는 이름으로 더욱 익숙한 도보 여행 길로, 프랑스 남부 끝자락에서 출발하여 스페인 서쪽 끝 산티아고까지 약 800km에 이르는 길을 일컫는다. 정식 명칭은 '산티아고로 이르는 길'이라는 뜻인 '카미노 데 산티아고Camino de Santiago'이다. 그 길을 걷는 와중에 누군가가 건네준 전단에 이런 문장이 쓰여 있었던 기억이 난다. '카미노의 처음 1/3은 몸이, 그다음 1/3은 마음이, 그리고 마지막 1/3은 영혼이 괴롭다.'

　전날의 피로를 고스란히 안은 채 어스름한 아침 녘에 눈을 뜨고, 커피 한 잔과 작은 비스킷으로 오늘을 그려보면서, 물집 잡힌 발로 다시 길을 나서야 하는 카미노의 여정은 생각만큼 그리 낭만적이지 않다. 생전 해본 적 없는 생고생에, 머리끝부터 발끝까지 안 아픈 곳이 없고, 하루하루가 새로운 도전이고 어려움이다. 자신의 체력을 과신하고 왔다가 발의 근육이 찢어져서, 무릎이나 허리가 더는 버티지를 못해서 길을 걷기 시작한 지 얼마 되지 않아 돌아가야만 했던 사람들을 보기도 했다. 적게는 4~6명에서 많게는 50여 명이 넘는 인원이 한 방에서 자야 하는 것은 물론이다. 누적된 피곤함에 지친 몸을 마음 편히 누이고 조용히 쉴 수 있는 공간은 쉽게 허락되지 않는다.

이 새로운 생활에 적응이 되어 아침에 눈을 떴을 때 몸이 자동으로 움직여 하루를 채비하고 길을 나설 수 있는 정도가 되면, 그때부터는 슬슬 마음이 무거워진다. 가족들도 보고 싶고, 친구들과 수다도 떨고 싶고, 반복되는 일상도 지루해진다. 체력이 받쳐주질 못해 카미노를 완주하지 못했던 사람들이 아쉬운 마음으로 돌아갔다면, 두 번째 단계에서 돌아가는 사람들은 이 생활에 넌더리를 내고 떠나는 경우가 대부분이다. 그렇게 어찌어찌하여 카미노 길의 마지막에 다다를 즈음에는 몸도 마음도 이미 이 생활에 적응된 지 오래되어 크게 힘들지 않을뿐더러 매일 한 발짝씩 산티아고에 가까워지는 것이 반갑다. 그러나 한편으로는 아쉬운 마음이 들곤 한다. 그동안 지나온 길, 앞으로 걸어갈 길, 또 이 길을 떠난 후에 내가 살아갈 삶의 여정을 그려보며, 내가 왜 여기에 있는지, 이 길을 걸은 행위가 어떤 의미가 있는지, 이 시간을 어떻게 이후의 내 삶과 연결할 것인지를 생각해보게 된다.

순례길을 걷는 이 여정은 우리가 일을 하며 사는 삶의 여정과도 많은 부분 닮았다. 일에 적응하느라 몸으로 고된 시간을 겪고 나면, 그 일 안에서 만족과 실망, 성취와 아쉬움 같은 오만 감정을 겪으며 그 일이 비로소 내 것이 되어간다. 그렇게 손에 익은 일에 나의 마음이 얹어지면, 그다음에는 보다 큰 관점에서 나의 일을 바라보며 그 의미를 찾으려고 한다. 카미노의 그 길을 걸을 때처럼, 우리는 일을 해나가면서 몸과 마음이 고된 시간을 거쳐 내 일을 영적으로 고민하게 되는 과정에까지 이른다.

일을 시작하고 난 후부터, 내가 어떤 일의 순례길을 걸었는지 살펴보는 것도 중요하다. 대부분의 사람들은 일에서 겪은 희로애락이 개인적인 삶의 희로애락과 흐름을 같이 한다. 일터에서 힘들고 괴로운 시간을 보낸 날, 저녁 시간을 보내는 나의 얼굴은 어떠한가? 아무런 일도 없었던 것처럼, 그저 웃으면서 일상의 시간을 보낼 수 있는가? 일로 큰 성취감을 얻었던 날은 또 어떤가? 퇴근을 하고 집으로 돌아와서도, 그 짜릿함이 내내 여운으로 남아 가족들과 맥주한 잔을 나누며 성취를 기념하곤 하지 않았던가? 이제, 내가 걸어온 일의 순례길을 천천히 살펴보는 시간을 가져보자.

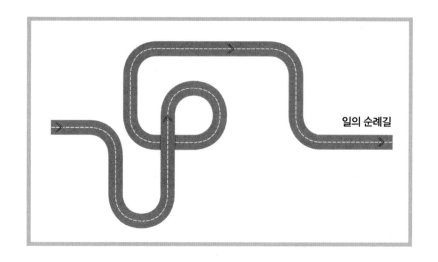

일의 순례길

당신은 어떤 길을 걸어왔는가?

어떤 길이 가장 황홀했으며, 어떤 길에서 가장 고난을 겪었는가?

그 길에서 나는 무엇을 깨달았는가?

그 길로 되돌아갈 수 있다면, 무엇을 어떻게 다르게 해볼 것인가?

일의 감정, 우울과 분노에 안녕을 고하다

일을 하다 보면 자신의 감정에 수없이 걸려 넘어진다. 오랜만에 만난 동창과 연봉 이야기를 하다가 내가 받고 있는 월급이 하찮게 느껴져서 기분이 상하기도 하고, 맡은 일을 열심히 했지만 누군가가 나의 공을 가로채서 허탈해지기도 한다. 오랜 시간 쌓아온 고객과의 관계가 괜한 오해로 무너져서 우울해지기도 한다. 우리는 일터에서 최선을 다해 뛰지만, 그 최선이 늘 결승점에 1등으로 들어오는 일을 보장해주지는 않는다. 그리하여 내가 하는 모든 노력이 과연 의미가 있는 것인지 의구심이 들 때, 내가 공들여서 만들어온 내 일의 가치가 조금씩 바닥으로 가라앉는다.

학창 시절, 시험공부를 죽어라 열심히 해도 원하는 성적이 나오지 않았을 때처럼 일을 하면서도 비슷한 무기력감을 느낄 수 있다. 문제는 시간이 갈수록 이 무기력함이 내가 하는 일을 별 볼 일 없게 느껴지도록 만든다는 사실이다. 이런 일에 대한 부정적인 감정은 우리 마음 한쪽에 거친 모래알들처럼 켜켜이 쌓인다. 영양분이 많고 부드러운 흙이 아닌 건조하고 성긴 모래알들이 수북이 쌓여 굳어버리면, 이내 돌이 되고 커다란 바위가 되어버리고 만다. 우리 마음은 무겁고 어둡고 딱딱해진다.

만성적인 우울감으로 변모한 일에 대한 부정적인 감정은 단순히 어제오늘의 기분에만 영향을 미치지 않는다. 감정과 생각은 행동으로 되돌아온다. 신념이 결과가 되는 것이다. 내가 하는 일을 별 볼일 없다고 생각하는 것은 곧 내가 하는 일을 별 볼 일 없게 만드는 행위와 같다. 별 볼 일 없어 보이는 일을 하는 하루들이 모이면 별 볼 일 없는 인생이 된다. 자신의 인생을 부정적으로 해석하는 사람에게는 어느 누구도 더 좋은 기회를 주고 싶어 하지 않는다.

우리가 일을 향해 품는 감정은 세상을 해석하는 생각/관점과 연결되어 있고, 생각은 우리의 행동에 분명한 영향을 끼친다. 즉, 내가 일을 하면서 느끼는 감정을 정확하게 인지하고 그것을 관리할 줄 아는 능력을 갖추는 것은 건강하게 일할 수 있는 근육을 만드는 가장 핵심적인 방법이다.

그렇다면 일의 가치와 나의 존엄성을 건강하게 지키면서 일을 해나갈 수 있는 방법에는 무엇이 있을까? 일터에서 넘어져 바닥에 얼굴이 닿은 날, 어떻게 하면 나의 부정적인 감정과 생각을 추스르고 탈탈 털고 자리에서 일어날 수 있을까? 일을 하며 겪게 되는 건강하지 못한 감정이 우리를 지배할 때, 우리는 어떻게 해야 할까?

첫째, 자신의 감정이 지금 어떤지 그대로 읽어주는 연습을 해야 한다. 만약 당신이 지금 앉아 있는 공간이 매우 덥다고 치자. 당신은 에어컨이나 선풍기를 틀어서 공간의 온도를 낮춰 시원하게 만들려고 노력할 것이다. 반대로 당신이 있는 공간이 매우 춥다면, 이번에는 온도를 높일 방도를 찾아 행동으로 옮길 것이다. '감정을 읽는 연습'도 이와 비슷하다. 차이가 있다면 바깥의 온도를 인지하는 것이 아니라, '내 마음의 온도'를 알아차린다는 점이 다르다.

자기 마음의 온도가 어떤지 잘 알게 되면, 그리고 그 온도가 너무 높거나 낮다는 사실을 인지하면, 온도를 적정 수준으로 조절하기 위한 방법을 자연스럽게 찾으려고 할 것이다. 문제는 우리가 자신의 감정을 곧잘 무시한다는 사실이다. 내가 느끼는 감정을 빈번하게 무시하다 보면, 내 마음의 온도를 인지하는 온도계는 고장이 나고 만다.

전문직 종사자로서 글로벌 회사에서 고액 연봉을 받으며 근무하던 분을 예로 들어보자. 그녀는 지금까지 두 번의 이직을 했는데, 그때마다 매번 울고불고 하며 급작스럽게 퇴사를 했다고 한다. 그녀는 일하는 내내 고개를 드는 부정적인 감정들을 꾹꾹 누르며 참기만 했다. 프로라면 마땅히 그래야만 한다고 배웠기 때문이다. 그런데 참고 참다가 결정적인 순간에 감정이 폭발하면 도망치듯이 퇴사했던 것이다. 그녀는 이런 상황이 세 번에 걸쳐 반복되니 감정을 조절하지 못해 일터에서 뛰쳐나가는 자신이 무서워서 다시는 조직에 들어가고 싶지 않다고 고백했다. 그러나 그녀의 동료와 상사의 평가는 조금 달랐다. 그들이 보기에 그녀는 평소에 워낙 평온하고 아무런 문제가 없어 보였는데, 갑자기 퇴사를 결정하고 빠르게 실행에 옮기는 모습에 모두 의아해했다고 한다.

그녀의 이야기를 듣다 보니, 그녀의 가장 큰 문제는 감정을 폭발시킨 것 그 자체가 아니었다. 오히려 그때그때 솟구쳤던 자신의 감정을 억누르고 무시하면서 자신도 모르는 사이에 걷잡을 수 없는 감정으로 키워버린 것이 가장 큰 문제로 보였다.

감정을 잘 읽는다는 것은 내 안에서 어떤 부정적인 감정이 불쑥 솟아오를 때, '내가 지금 이번 프로젝트로 인해 불안감을 느끼고 있구나', '내가 지금 동료의 행동 때문에 불쾌감을 느끼고 있구나', '내가 상사의 피드백에 부끄러움을 느끼고 있구나' 하며 그런 감정이 생긴 까닭을 스스로 잘 인지하고 파악할 줄 아는 것을 뜻한다.

감정을 잘 읽어주는 일이 필요한 까닭은, 나로 하여금 부정적인 감정을 느끼게 한 인물이나 사건과는 관계가 없는 사람에게 괜한 화풀이를 하거나 부정적인 영향을 미치는 일을 적어도 조금은 막을 수 있기 때문이다.

둘째, 나는 '지금, 무엇을' 믿고 있는지 살펴본다. 부정적인 감정을 느꼈을 때, 나의 감정을 잘 읽어줌으로써 마음을 누그러뜨리는 것이 가장 좋겠지만, 끊임없이 생각이 꼬리에 꼬리를 물며 불쾌감이 사라지지 않을 때도 있다. 그럴 때는 자신이 왜 그러한 생각을 품게 되었는지 좀 더 구체적으로 살펴봐야만 한다. '자신이 무엇을 믿고 있는지' 혹은 '자신의 신념이 무엇인지' 확인해보는 일이 필요하다. 우리는 감정이 어떤 일로 바로 촉발된다고 생각하지만, 감정이 잉태되는 중간 과정에서 '자신의 신념'이라는 필터를 거친다. 이 믿음은 '나만의 해석'이라고 부르자. 즉, 어떤 일을 당했을 때 그것을 어떻게 해석하느냐에 따라 각기 다른 감정이 만들어진다. 똑같은 일을 당해도 어떤 사람은 분노를 먼저 느끼는데 반해, 어떤 사람은 슬픔을 먼저 느낀다.

우리가 질문해야 하는 것은 내가 가진 믿음이 건강한지 여부이다. 우리의 믿음은 많은 부분 왜곡된 경우가 많기 때문이다.

셋째, 믿음 자체와 한판 붙는다. 나의 믿음이 왜곡되었다는 것이 확인되면 그 믿음과 한판승을 벌여야 한다. 그 방법은 아래와 같다.

① **팩트 체크:** 내가 믿고 있는 것이 과연 사실인지 물어야 한다. 때로는 자신의 믿음이 강해, 진실을 왜곡하여 해석하기도 한다. 내가 믿고 있는 내용이 진실인지 의심하는 것은 건강한 관점을 키워줄

수 있는 좋은 질문이다.

② **관점 체크**: 팩트 체크를 하다 보면, 자연스럽게 내가 믿고 있는 사실을 다르게 볼 여지가 없는지 살펴보게 된다. 자신이 믿고 있는 것 이상으로 생각할 수 있는 여지를 떠올려보는 것이다. 새로운 의미를 부여할 수도 있고, 타인의 관점에서 해석해볼 수도 있다.

③ **유용성 체크**: 팩트 체크와 관점 체크를 아무리 해도, 명백한 사실이고 그 믿음이 옳다고 치자. 그런데 그것이 사실이라고 한들 부정적인 상황으로 귀결된다면 그 사실을 붙들고 있어도 나에게 도움이 되지 않는다. 이럴 때는 그 믿음을 내 마음에서 거둬야 한다.

'내 일의 초상화 그려보기'를 했을 때, 일그러진 일의 얼굴을 그렸던 상은 씨. 그녀를 코칭하는 과정에서 나눈 이야기를 살펴보자.

[Before]

올해로 일을 한 지 3년째인데, 일을 생각하면 가슴이 답답하고 우울해요. 신입 딱지를 뗀 지 얼마 되지도 않았는데, 몸과 마음이 바람 빠진 풍선 같아요. 어깨 근육은 늘 뭉쳐 있고, 소화불량도 달고 살아요. 사실 1년 차에 일이 좀 적응될 만해졌을 때, 회사 내부적으로 큰 구조조정이 불었어요. 그때 저는 다른 부서의 여러 가지 하찮아 보이는 일까지 다 도맡아서 해야만 했어요. 사람들이 줄줄이 나가는 것을 보고 나니 일이 많아 힘들어도 단 한 번도 '힘들다', '못 하겠다'라고 말할 수가 없더라고요. 그냥 참고 견디며 꾸역꾸역 일했어요. 20대 후반밖에 안 되었는데도 벌써 번아웃이 오는 것 같았고, 제가 하는 일이 다 싫고 지겹게 느껴지고, 뭔가 발전도 없는 것 같았어요. 그래도 생활은 해야 하니까, 먹고살아야 하니까 일을 하는 거죠. 가끔 큰 회사에서 일하지는 않더라도 자기 일을 자기 나름대로 즐기며 즐겁게 하는 친구들을 보면 사실 좀 딴 세상 사람 같아요. 어떻게 일에서 저런 즐거움이나 보람을 찾는 걸까…. 그런 친구들을 만나고 나면 제 자신이 더 초라하게 느껴져요. 아무리 생각해도 저는 직장 생활이나 커리어에 있어서 참 운이 없는 케이스 같아요. 그렇겠죠? 왜 제가 하는 일은 이렇게 늘 별 볼 일 없는 걸까요?

상은 씨는 자신의 일을, 지겹고 발전도 없고 그저 먹고살기 위해서 하는 것이라고 정의를 내렸다. 이것은 그녀의 일에 대해 타인이 내린 결론이 아니라, 그녀 스스로가 자신의 일을 바라보고 거기에 매긴 값어치이다. 일의 가치를 재는 상은 씨의 저울은 고장 나 있었다. 그녀는 자신의 일을 제대로 평가할 수 있을 만큼의 건강한 관점을 갖고 있지 못했다. 내가 하는 일의 가치는 일 자체로서 매겨지지 않는다. 그렇게 매길 수도 없다. 오직 그 일을 하는 나 자신의 관점에서부터 내 일의 가치가 매겨진다. 이직에 성공해서 더 나은 연봉과 복지, 승진이 보장되는 회사로 옮긴다고 해도 자신의 일을 바라보는 관점을 바꾸지 않는 이상, 상은 씨는 머지않아 지금과 비슷한 결론에 도달할지 모른다.

우리는 상은 씨에게 앞에서 이야기한 '팩트 체크, 관점 체크, 유용성 체크'의 과정을 통해 자신의 상황을 다시 들여다보았으면 좋겠다고 오랜 시간을 들여 코칭했다. 다음은 그녀가 자신의 오랜 믿음과 싸운 결과이다.

[After]

올해가 직장 생활한 지 3년째 되는 해인데 그동안 건강 관리를 부실하게 했는지 몸 여기저기에서 신호가 오고 있어요. 아무래도 운동을 규칙적으로 하는 습관을 가져야겠어요. 특히 어깨 쪽이 자주 아프고 소화도 안 되니 이런 부분을 도와주는 운동을 해야 할 것 같아요.

→ 유용성 체크: 문제가 되는 부분을 언급하면서 동시에 개선 방법도 이야기한다.

입사하고 나서 1년 뒤에 회계 업무뿐만 아니라 인사과와 총무과에서 담당하던 일들도 저에게 맡겨졌어요. 회계 업무도 사실 버거웠지만, 그 외에 저에게 맡겨진 일들을 열심히 했어요. 모르는 것은 열심히 물어가면서 배웠어요. 어찌 보면 힘든 시간이었지만, 다른 부서 일을 함께 살펴볼 수 있는 기회였어요. 3년 차 직원들 중에서는 제가 아마 일을 가장 빨리 배웠던 것 같아요.

→ 팩트 체크: 담당하던 일의 종류와 양이 늘면서 실제로 업무 역량이 높아졌다.

무엇보다 지난 3년 동안 잘 참고 견뎌준 제가 대견해요. 아직 20대 후반밖에 안 되었으니, 저만의 일의 의미를 조급하지 않게 천천히 찾아가보고 싶어요. 지금 하는 일이 완벽하게 제 마음에 든다고 할 수는 없지만, 이직을 바로 할 생각은 없어요. 어떤 이력을 강조하고 싶은지를 아직 결정하지는 못했지만, 모든 기회를 열어두려고 해요. 제가 하는 일이 엄청나게 흥분되고 신나는 일은 아니지만, 회사를 운영하는 데 아주 필수적인 일이거든요. 회계 부서가 제대로 일을 못 하면 사실 회사가 잘 돌아가지 않잖아요.

→ 관점 체크: 현재의 일 안에서 가치와 기회를 최대한 찾으려고 노력한다.

벌써 자신의 소명을 찾아서 즐겁게 일하는 친구들을 보면 부럽고 대견한 생각도 들어요. 그런 친구들을 만나면 늘 궁금해서 물어봐요. 어떻게 그런 좋은 기회를 가지게 되었는지, 혹시 제가 배울 만한 팁들은 무엇이 있는지 꼬치꼬치 묻곤 하죠. 그리고 친구들이 나누어준 그 모험 가득한 이야기를 듣다 보면 저 역시 마음이 부풀기도 합니다. 이야기를 듣고 나면 마음이 설레기도 해요. 친구의 좋은 기운이 전해져서 제 커리어도 언젠가 꽃을 피우지 않을까 상상도 해보고요.

→ 관점 체크: 먼저 성공한 사람들을 질투심이나 부러움의 대상에서 같이 성장하는 동료이자 조력자로 새롭게 인식한다.

누구나 꽃피는 시기가 다르니까, 저도 제 자리에서 열심히 일하고, 성과를 내고, 천천히 준비하다 보면 좋은 기회를 만나게 될 것 같아요. 지금의 자리에서 무엇을 더 배울지, 어떤 일이 가장 중요하고 즐거운지를 자주 생각하면서 제 가치에 대해서 긍정적으로 생각할 거예요. 요즘처럼 취업하기 어려울 때 출근할 수 있는 직장이 있다는 사실, 도전 정신을 자극해주는 친구들을 곁에 둘 수 있다는 사실을 떠올리면 저는 참 운이 좋은 케이스 같아요. 이런 마음으로 제 일을 하나씩 만들어 나가면, 아마도 머지않은 미래에 제 일을 정말 사랑하고 행복해할 수 있는 시간이 오겠지요?

→ 팩트 체크+관점 체크+유용성 체크를 통해 에너지를 회복한다.

일을 둘러싼 감정을 바꾸는 가장 건강한 방법은 '정면 돌파'이다. 일에서 받은 스트레스를 줄이기 위해서 취미활동이나 운동을 하는 것도 하나의 방법이지만, 결국 매일 아침 9시까지 일터로 출근해야만 하는 현실은 피할 수 없다. 일을 둘러싼 감정을 정확하게 파악하기 위해 스스로에게 객관적이고 구체적인 질문을 던져보자. 혹시 내가 나만의 잘못된 관점과 믿음에 갇혀서 부정적인 감정의 블랙홀에 빠지게 된 것은 아닌지 확인해보자. 감정의 블랙홀에서 빠져나올 수 있는 가장 건강하고 안전한 사다리는 스스로에게 올바른 질문을 던지고, 그 질문에 대해 솔직하고 객관적인 답을 하는 일뿐이다.

일과 디자인이 만나다, 워크디자인

사람들이 하는 말을 잘 들어보면, 하루에도 수십 번 이상 '일'이라는 단어를 사용한다. '노동을 하다'라는 뜻으로 쓰이는 것 외에도 "이런저런 일로 왔다", "별일 다 있다", "큰일이다", "재미있는 일이다" 등 '일'이라는 단어는 우리의 일상 언어 속에서 상당히 자주 등장한다. 그렇다면 이렇게 빈번하게 사용되는 '일'이란 단어의 의미를 곰곰이 생각해본 적이 있는가?

국립국어원 표준국어대사전에 따르면, 일의 사전적 의미는 '무엇을 이루거나 적절한 대가를 받기 위하여 어떤 장소나 일정한 시간 동안 몸을 움직이거나 머리를 쓰는 활동. 또는 그 활동의 대상'이라고 명시되어 있다. 영어에서 한국어의 '일'과 가장 유사한 의미로 쓰이는 단어는 'Work'이다. '일을 하다'라는 의미를 표현할 때에는 물론이고, 직업인들의 솜씨를 지칭할 때에도 'Work'를 사용한다.

'Work'는 '잘 작동된다', '효과가 있다'라는 뜻을 나타내기도 한다. 영어의 'Work'와 한국어의 '일'은 단어가 쓰이는 범위나 지칭하는 의미의 측면에서 매우 유사하다. 그런 까닭에 이 책에서는 'Work'와 '일'을 같은 맥락에서 사용하고자 한다.

Work

일이 가진 본질에 대해 좀 더 자세히 풀어보도록 하자.

직업은 일의 껍데기이다. 일은 직업보다 더 본질적이고 실체적인 개념이다. 예를 들어, 회사원이나 공무원, 또는 자영업자라는 직업만 듣고서는 그가 하는 일을 100% 짐작하기 쉽지 않다. 산업사회에서 만들어진 직업의 개념이 포스트 산업사회에 등장한 다양한 일의 형태를 포함하지 못한다는 사실은 너무도 분명하다. 즉, 직업은 일을 사회·경제적으로 포장해주는 역할을 하지만, 일의 본질을 오롯이 설명해주지는 못한다.

일은 성장하고, 노동은 소비된다. 일은 노동의 개념과도 차이가 있다. 노동은 직무를 수행하기 위해 힘을 행사하는 행위이며, 주로 생계를 위해 이루어지는 소비의 특성이 강하지만, 일은 만들거나, 창조하거나, 고안해내는 본질적인 활동으로서의 특성을 가진다.

일은 선악의 방향성이 있다. 일은 가치 지향성을 지닌다. 일을 통해 인간은 가치를 경험하는데, 그 가치는 본질적으로 중립적이지 않다. 사회적 관점에서 그 일은 좋은 일 혹은 그렇지 못한 일로 평가받는다. 예를 들어 도둑질하는 일이나, 사기를 치는 일도 일의 범위에 들어가기는 하지만, 사회적 가치 판단에 의해서 '좋지 않은 일', '처벌받아야 하는 일'로 나뉘게 된다.

일 없이 인간은 살아갈 수가 없다. 캐나다의 철학자 버나드 수츠 Bernard Suits는 자신의 저서 『베짱이의 놀이, 삶, 유토피아The Grasshopper: Games, Life and Utopia』에서 만약 필요한 물건을 얻기 위해 굳이 일하지 않아도 되는 소위 유토피아와 같은 세상에 살고 있다면, 우리는 무엇을 할 것인가에 대해 질문한 바 있다. 이 책에서 수츠는 재미있게도, 우리는 결국 일과 유사한 놀이를 발명했을 것이라고 추측한다. 그의 짐작처럼 인간은 일 없이는 무의미함을 느끼는 존재이다. 아무것도 하지 않고 지내는 하루를 영원히 반복한다고 상상해보자. 우리는 결코 그 지루함을 견디지 못할 것이다.

Design

그렇다면 디자인이란 무엇인가?

'디자인Design'의 어원은 '지시하다', '표현하다', '성취하다'라는 의미의 라틴어 '데시그나테Designate'에서 유래했다. 현재는 일반적으로 '아름답게 무엇인가를 그리거나 만들어내다'라는 뜻으로 통용되고 있다. 디자인이 명사로 쓰이면 '다양한 사물이나 작품을 만들어내기 위한 계획 혹은 제안. 또는 이와 같은 계획이나 제안을 실행에 옮긴 결과물'을 의미하며, 동사로 쓰일 경우, 이 모든 것들을 실행하는 과정을 의미한다.

그러나 아름답게 꾸미고 만들어낸다는 소극적인 의미를 뛰어넘어서, 디자인에 관해 좀 더 광의의 해석을 해본다면, 디자인은 곧 **'문제의 본질을 탐구하고, 이를 스스로 해결해내는 총체적인 과정'**을 뜻한다. 즉, 문제를 스스로 발견해내고 그 누구도 아닌 문제를 발견한 본인 스스로가 그 문제를 능동적으로 풀어나가는 일종의 프로세스를 지칭하는 것이다.

기존에 '보다 더 일을 잘하기 위한 방법'을 지칭할 때 쓰는 표현은 '커리어 개발^{Career Develop}'이었다. 그런데 우리는 이 단어에 내심 불편함을 느꼈다. '개발'이라는 표현 때문이었다. 직선의 방향으로 차곡차곡 결과물을 쌓아나가는 우상향의 의미를 내포한 '개발'이라는 단어가 경력 혹은 커리어와 어울리는 단어인지에 관해 의문이 생겼다. 일, 경력, 커리어에 개발이라는 단어가 붙는 순간, 마치 누군가가 잘 닦아놓은 길이 따로 있으며, 그 길을 어떻게든 비슷하게 따라가야만 할 것 같았다.

하지만 변화무쌍하게 변화하는 요즘 세상에, '커리어 개발'이라는 단어가 내포하고 있는 개발의 논리는 이제 더 이상 무의미하다고 느껴졌다. 일의 세계에서 정답처럼 정해진 단 하나의 길은 없다고 생각되었다. 우리는 이전에 했던 일과 전혀 다른 일을 할 수도 있고, 지금까지의 세상에는 없었던 자신만의 직업을 새로 만들어낼 수도 있는데, 기존의 커리어 개발의 관점에서는 이 모든 것을 설명하기가 어려웠다.

그에 반해 '디자인'은 선형적인 개념이다. 구불구불한 선을 그려도 되고, 직선을 그렸다가 원을 그려도, 네모를 그려도 무방한 개방성을 내포한다. 때로는 과정이었던 것이 어떤 시점에서는 결과가 되기도 한다. 일을 통해 성장하고자 하는 사람들에게 그 방법과 방향성을 제시하는 우리의 작업을 지칭하는 데에 '디자인'이라는 용어가 적합하다고 생각했다. 이제 일을 지칭하는 단어와 '디자인'을 조합할 차례였다. 우리는 '커리어 디자인'보다 '워크디자인'이 우리의 일을 더욱 탁월하게 설명해준다고 여겼다. 직장 안에서 정해진 승진의 단계를 밟아나간다는 의미가 담긴 '커리어'보다는 보다 일상적인 의미로서의 일을 두루 포괄하고 있는 '워크'가 '디자인'이라는 단어와 잘 어울린다고 판단했기 때문이다.

Work Design

그리하여 '워크디자인'이라는 이름이 지어졌다.

워크디자인(Work+Design)은 나에게 주어진 현실적인 일을 직면하고, 이 일을 다각적 관점으로 살펴보며, 당면한 문제를 해결해 나아가면서, 궁극에는 자신을 닮은 일로 만들어가는 일련의 과정이다. 우리는 워크디자인을 수행하는 사람을 '워크디자이너'라고 부른다.

워크디자인은 좋은 조건의 연봉이나 복지를 약속하는 회사로 이직하거나 커리어를 전환할 수 있도록 돕는 것을 목표로 삼지 않는다. 워크디자인은 현재에 가장 집중하며 자신이 속한 일의 상황과 맥락 안에서 고객을 정의하고, **일을 하면서 경험하게 되는 '문제'를 구체화하여, 해당 문제를 자신만의 스타일로 풀어나갈 수 있는 힘을 키우도록 돕는 것을 목표로 한다.** 즉, 근본적으로 일에 대해 건강한 관점을 갖게 함과 동시에 일을 해나가는 전 과정을 자기 주도적으로 설계할 수 있도록 생각의 힘을 키워주는 과정을 의미한다.

> "당신이 어디에 있든, 무슨 일을 하든 워크디자이너가 되어라. 그리고 자유롭게 살아갈 각오를 하라."

위의 문장은, 일본 전역에서 서점 체인 츠타야TSUTAYA를 운영하는 사업가이자 기획자인 마스다 무네아키Masuda Muneaki가 자신의 저서 『지적자본론』에서 "당신이 어디에 있든, 무슨 일을 하든 디자이너가 되어라. 그리고 자유롭게 살아갈 각오를 하라"라고 언급한 문장에 **워크**라는 단어를 더해본 것이다. 이 두 문장이 주는 의미는 자신의 일을 디자인하는 워크디자이너에게도 그대로 적용해볼 수 있다.

먼저, '**당신이 어디에 있든, 무슨 일을 하든**'이라는 구절의 의미는 '**워크디자이너로서 반드시 갖추어야만 하는, 특정한 환경적 조건이랄 것이 없다**'라는 뜻이다. 직장에서 급여를 받으며 일을 하든, 자신의 사업체나 가게를 운영하든, 어떤 직책이든 상관없이 우리는 누구나 워크디자이너가 될 수 있다. 일하는 사람이라면 누구나 '워크디자이너'라는 직함을 자신의 명함에 새겨 넣어야 한다. 비록 눈에 보이게 새겨 넣지 않더라도, 마음속으로 자신이 워크디자이너라는 사실을 각인하고 있어야 한다.

워크디자이너로 살면서 누릴 수 있는 가장 큰 기쁨은 무엇보다 '일을 통해 만나는 진정한 자유'이다. 즉, 내가 일의 고삐를 잡고, 주체적인 사람으로 살아갈 수 있게 된다. 우리는 이 세상을 나의 뜻과 의지대로 살아간다는 느낌을 받을 때, 비로소 진정한 자유를 체감한다. 삶의 주권이 온전히 내 손에 달려 있을 때 짜릿한 통제력을 만끽하게 된다. 내가 하는 일을 스스로 정의하고, 그 방향성을 스스로 설정하고, 또 자신만의 스타일로 꾸려감으로써 우리는 자기 삶의 주인으로 거듭날 수 있다.

일의 현 좌표와 미래 방향성

당신이 하고 있는 일을 하나의 지도로 표현한다고 생각해보자. 당신의 출발점은 어디인가? 목적지에 도달하기 위해 앞으로 가야 할 거리를 계산할 때, 가장 첫 번째로 입력해야 하는 정보는 자신이 현재 서 있는 위치이다.

당신은 사회로 첫발을 내딛고자 노력 중인 취업 준비생일 수도 있다. 또는 과장 진급을 눈앞에 두고 이직을 고려 중인 경력자일 수도 있다. 혹은 그간의 경력을 기반으로 창업을 준비 중인 예비 창업자이거나 완전히 다른 업종으로 경력을 전환하고자 꿈꾸는 퇴사 준비생일 수도 있다.

일과 관련해서 현실적으로 세울 수 있는 워크디자인의 방향성을 우리가 알고 있는 전통적인 키워드로 소개해보자면 다음과 같다.

• 취업

회사나 기관에 소속되어 일하는 것을 의미한다. 취업에 성공하기 위해서는 입사하고자 하는 회사나 기관에 대한 이해가 필요하다. 또한 서류 접수, 면접 및 인터뷰 등 일련의 과정을 통과하기 위한 준비가 요구된다. 이때 조직이 추구하는 비전과 가치, 그리고 핵심 역량과 개인의 결이 잘 맞아야만 취업의 확률도 높아지고, 취직 후 조직 적응력도 높아진다. 전광판의 광고를 보며, 꼭 저 회사에서 일해보고 싶다는 마음이 들었다거나 또는 커피숍에서 우연히 마주친 사람이 입사를 희망하는 회사의 이름표를 달고 있는 것을 보았을 때 부러웠던 적이 있는가? 꼭 일해보고 싶은 회사나 기관이 있는가? 꼭 경험해보고 싶은 직무가 있는가? 당신은 취업형 일의 디자인을 원하는가? 당신 마음속의 취업 욕구를 다시 한번 살펴보길 바란다.

• 승진

현재의 일에 어느 정도 만족을 느끼고 있지만, 성장과 배움의 욕구가 아직 충족되지 않은 상태일 때 꿈꿀 수 있는 워크디자인의 방향이다. 담당하고 있는 일이 자신의 능력에 비해 작다고 느낄 때, 우리는 승진의 욕구를 느낀다. 일터에서 더 많은 권한과 책임을 발휘하고 그에 따른 보상을 받는 것이 우리가 생각하는 승진의 결과물이다. 사원에서 대리로, 팀원에서 팀장으로, 직원에서 임원으로 조직 내의 사다리를 올라갈 기회를 엿보고 있는가? 그렇다면 그 기회를 언제, 어떻게 만들어보고 싶은가? 현재 조직에서 더 많은 책임감과 일을 맡아서 더 확장된 영역으로 일을 넓혀가고 싶은가? 당신은 승진형 일의 디자인을 원하는가? 당신 마음속의 승진 욕구를 다시 한번 살펴보길 바란다.

• **전직과 이직**

전직과 이직은 각기 독립적인 형태로 나타나지만, 경우에 따라서는 전직과 이직이 동시에 일어날 수도 있다. 이 책에서 정의하는 전직이란 같은 조직 내에서 일의 형태가 바뀌는 상태로, 이를테면 부서 이동과 같은 상황을 의미한다. 마케팅팀에서 일하다가 전략팀으로 옮겨가거나 인사팀에서 영업팀으로 옮겨가는 상황을 전직의 형태라고 이해하면 되겠다. 이직은 새로운 조직으로의 이동을 가리킨다. 경력자들은 자신의 기존 경력에 맞추어 일을 디자인하는 경우가 많기 때문에 이직과 전직이 함께 일어나는 경우가 흔하지는 않지만, 때에 따라서는 일과 조직 모두 성격이 다른 방향으로 맞추어 정해질 수도 있다. 일을 바꾸거나, 조직을 바꾸거나, 아니면 일과 조직 모두를 바꾸는 과정이 당신이 원하는 일을 디자인하는 방법인가?

• 창직과 창업

새로운 일을 만들어나가는 시도와 기회를 만드는 것이다. 창직과 창업은 얼핏 같은 의미인 것 같지만, 창직은 일의 변화에 초점을 맞추고 있는 개념이고, 창업은 그 변화된 일을 하나의 사업의 형태로 만드는 것을 이야기한다. 창직과 창업은 워크디자인의 방법 중에서 가장 도달하기 먼 위치에 놓인 방법으로 보일 수 있다. 그러나 능력과 환경에 따라 누군가에게는 창직과 창업이 가장 빠르고 쉬운 워크디자인의 방법일 수도 있다. 특히 자신이 하고 싶고 잘하는 일이 기존 시장에 존재하지 않는다면 창직과 창업의 형태로 일을 디자인하는 것이 가장 적합한 방편일 수 있다. 특히 경력자로서 새로운 조직 혹은 부서에서 일하는 것으로는 일에서 만족감을 느끼지 못한다면, 창직이나 창업을 통해 워크디자인을 해야 하는 단계에 도달한 것일지도 모른다. 지금 나에게 필요한 것은 창직일까, 창업일까? 아니면 창직을 통한 창업일까?

다음의 빈칸에 현재의 일과 미래의 일에 대해서 간략하게 적어보며 내 일의 방향성을 설정해보자. 책을 읽어 나가다가 생각이 확장되면 언제든지 이 페이지로 돌아와 현재와 미래의 좌표를 다시 수정해도 좋다.

[예시 01]

- 지금의 나를 보면: 무역회사에서 사업 개발과 전략을 담당하고 있는 9년 차 직장인. 7년 차까지는 일을 배우는 즐거움으로 정신없이 일했지만, 다른 조직이나 부서로 이동해서 새로운 일을 해보고 싶은 욕구가 있다.
- 내가 원하는 일의 방향: 1년 후에도 조직 안에서 일을 하고 싶지만 '나만이 지닌 특별한 기술'을 발견해낼 수 있는 공부나 연구를 하고 싶다. 3년 후에는 작게라도 나만의 사업을 시작하고 싶다.

[예시 02]

- 지금의 나를 보면: 금융회사 회계팀에서 일하고 있는 5년 차 회계사. 출산과 육아 등으로 잦은 야근을 감당하기가 힘들어 일의 변화가 필요함을 느끼고 있다.
- 내가 원하는 일의 방향: 워킹맘으로서 일하며 겪게 되는 여러 상황에 대해 이해와 배려를 받을 수 있는 조직에서 일하고 싶다. 스타트업처럼 규모가 크지 않은 회사와 계약을 맺어 프리랜서 회계사로 일하는 방법도 고려하고 있다.

[예시 03]

- 지금의 나를 보면: 외국계 회사 인사부에서 일하고 있는 6년 차

직원. 20대부터 꿈꿔온 해외 취업을 여전히 희망하고 있다. 해외 취업 준비를 위해 단순히 이력서와 인터뷰 스킬을 교정받는 것만으로는 충분하지 않은 것 같다. '나'라는 자원을 특별하게 보이게끔 만드는 과정이 우선 필요할 것 같다.

- 내가 원하는 일의 방향: 홍콩이나 싱가포르에 위치한 글로벌 기업의 아시아 본사로 들어가서 더 큰 규모의 일들을 배우고 성장하고 싶다. 다양한 인종이 섞인 곳에서 일하며 경력을 쌓아 조직 안에서 승진하고 싶다.

▶ **지금의 나를 보면:**

_____

_____

_____

_____

_____

_____

_____

_____

▶ 내가 원하는 일의 방향:

_____

_____

_____

_____

_____

_____

_____

_____

꿈을 잃은 어른

"사회 초년생일 때는 경력 10년 차 정도 되면, 이 분야에서 이름을 날리는 전문가가 될 것이라고 생각했어요. 신입 때는 경력 3년 차도 대단하게 보이잖아요. 어느덧 세월이 지나 우러러보던 부장님의 자리에 제가 왔네요. 20대 중반의 풋풋했던 제가 15년이 지나고 나니 두 아이를 키우는 마흔의 워킹맘이 되었어요. 출산과 육아를 반복하는 와중에 회사에서 승진도 하고 이직도 하면서 정말 열심히 일하며 살았어요. 대한민국에서 워킹맘으로 산다는 것, 그것도 애를 둘이나 낳고서도 자기의 자리를 지킨다는 것은 링 위에서 권투를 하는 것과 비슷해요. 펀치를 날리는 날도 있지만, 어떤 날은 시퍼렇게 멍이 들기도 하죠. 아프다고 별수 있나요. 다시 또 저를 추스르고 링으로 나가는 거죠… 그렇게 15년의 세월을 보냈죠.

얼마 전에는 직원 몇 명을 멘토링하는 시간이 있었는데, 이제 막 서른이 된 친구가 제게 꿈이 뭐냐고 대뜸 묻더라고요. "내 꿈은 비밀"이라고 얼버무리며 넘어가기는 했는데, 그날 온종일 무언가가 석연치 않았어요. 꿈이라고?

저에게 꿈이라는 게 있다면, 그저 아파트 대출금을 다 갚아버리는 것, 우리 가족이 건강하고 행복하게 사는 것. 뭐 그 정도밖에 없었거든요. 사실 돈이 충분히 있다면 하고 싶은 것, 사고 싶은 것이 차고 넘치죠. 그런데 그 돈을 벌기 위해서 지금껏 달려오기만 했더니, 막상 이루고 싶고, 되고 싶은 나는 없는 것 같아 조금 우울하네요. 무엇이든 될 수 있다고 믿었던 때가 엊그제 같은데, 이미 마흔이 넘었잖아요. 젊지도 않고, 그렇다고 늙었다고 하기에도 참 애매한 나이죠. 이런 제가 앞으로 어떻게 제 일의 방향을 잡아야 할까요? 저는 동네에 차고 넘치는 치킨 가게나 카페, 편의점을 할 생각은 전혀 없거든요."

어른들이 꿈을 잃어버리는 이유를 심리학적으로 설명하자면, 학습된 무기력증Learned helplessness으로 인한 상실감을 들 수 있다. 학습된 무기력증은 피하거나 극복할 수 없는 부정적인 상황에 지속적으로 노출되면서, 어떠한 시도나 노력도 결과를 바꿀 수 없다는 무기력이 학습되어버린 증상을 말한다. 꿈을 정하고 만들어가는 단계에서 자주 넘어지거나 실패하면 그 과정에서의 좌절감이 학습되어 나

중에는 꿈꾸려는 시도조차 하지 않게 된다. 두세 번만 더 해보면 가능할 수 있는 일들도 힘을 낼 수 없게 된다. 노력을 하기도 전에 스스로 자신의 꿈을 축소해버리거나 아예 이야기조차 하고 싶어 하지 않게 된다.

혹은 '꿈은 크고 대단해야 한다'라는 암묵적인 믿음 때문에 내가 꿈꾸는 소소하고 소박한 꿈은 감히 꿈이라고 표현하지 못하는 것일지도 모르겠다. 회사의 대표가 된다거나, 큰 부자가 된다거나 하는 것처럼 대단한 무엇인가가 되고자 하는 것이 아니라면 꿈으로서 가치가 없다는 편견이 어른들의 꿈을 앗아간 것은 아닐까?

우리 중 대다수가 '스스로 세우는 꿈의 중요성'에 관해서 제대로 배워본 적 없이 학창 시절을 보냈고, 학교를 졸업하고 나서는 내 꿈에 대해 생각할 겨를도 없이 일터에서 일만 하기에 바빴기 때문에, 많은 어른들이 자신의 꿈이 무엇인지 알지 못하는 것일지도 모른다. 학생 때는 부모님이, 직장에 들어가서는 사수가 만들어준 목표를 달성하기에도 바빴기 때문에 한계를 염두에 두지 않고 꿈을 펼칠 수 있는 상상력이 턱없이 부족했던 것이다.

사실 꿈이 없다고 해서 당장 오늘 나의 밥벌이에 큰 차질이 생기지는 않는다. 하지만 인간은 '스스로의 목적'으로 인생을 완성하고자 하는 욕구가 있기 때문에, 꿈을 잊고 살 수는 있지만 꿈이 없을 때의 공허함을 피할 수는 없다. 꿈은 우리를 가슴 뛰게 한다. 하루

하루 밥벌이에 휘둘리는 삶이 고단하지 않도록 우리를 격려해주는 것은 우리 마음속의 미래를 향한 갈망이다. 꿈이 없으면 오늘의 땀이 자리를 찾을 수 없어 괴로움이 된다. 어디를 향해서 뛰어야 하는지 모르고 그냥 뛰어야 하는 마라토너는 러너스 하이Runner's High(달리기를 즐기다 보면 처음에는 숨이 차고 힘들다가도, 어느 순간 시공간을 초월하고 박진감과 희열감을 느껴 자신의 몸이 날아갈 것 같은 상태를 느끼는 것)를 느끼지 못할 것이다.

우리는 어린아이들에게 꿈을 가져야 한다고 이야기하곤 한다. 그렇다면 어른이 된 우리들은 스스로에게 자신의 꿈이 무엇인지 얼마나 자주 묻고 있는가? 입사 준비를 위해 앵무새처럼 무한 반복 외웠던 3년 후, 5년 후 나의 비전에 대해 오늘의 나는 얼마나 기억하고 있는가? 하루하루 살기도 바쁜데 꿈처럼 낭만적인 이야기를 할 겨를은 없다고 스스로를 다그치지는 않았던가?

내 꿈의 질량은 나 스스로 생각하여 만들어내야 한다. 내가 성취하고 싶은 미래를 즐겁게 상상해보자. 그 어떤 틀에도 갇히지 말고 자유롭고 솔직하게 떠올려보자. 좋은 꿈, 허망한 꿈, 별 볼 일 없는 꿈이라는 구분을 모두 버린 채, 내 마음이 오롯이 향하는 나만의 꿈을 꿔보자.

어른이 꾸는 꿈

일의 소유권 되찾기

스스로를 일의 '책임자'로 생각하는가? 아니면 그저 고된 업무에 시달리는 '희생자'에 불과하다고 생각했는가? 자신을 책임자로 여기는 사람과 희생자로 여기는 사람의 가장 큰 차이는 일을 하면서 얼마나 많은 '통제력'을 가지는지의 여부이다. 주어진 일을 해석하는 힘이 자신의 내부에 있다고 믿는 경우에는 스스로를 그 일의 책임자로 여기게 된다. 반면에 외부의 환경에 있다고 믿는 경우에는 스스로를 그 일의 희생자로 여기게 된다.

문제는 자신을 희생자로 인식하면 심리적으로 위안을 얻을지는 모르겠으나, 주도적으로 움직여서 상황을 변화시킬 수 있는 힘은 더욱 상실하고 만다는 점이다. 자신은 그저 마음에 안 드는 상황과 생각처럼 풀리지 않는 일에 여러 대의 펀치를 맞아 여기저기에 멍이 들어버린 불쌍한 영혼으로 전락할 뿐, 그 이상이 되지는 못한다.

그리하여 힘든 상황을 벗어날 기회를 스스로 박탈해버리고 만다.

자, 생각을 전환해보자. 오늘 나의 모습, 내가 처한 환경은 사실 어제의 내가 모두 선택한 것이 아니던가. 어제 우산을 준비하지 않았기 때문에 오늘 비가 왔을 때 당황하게 되는 것이고, 어제 내가 사인한 계약서에 의해서 오늘 나의 소유가 결정된다. 내가 마주한 모든 환경과 조건은 사실 나의 결정, 나의 기호, 내 생각이 거울처럼 반영된 결과이다. 오늘 나의 모습이 어떻든지 간에 어제의 내가 오늘의 나를 결정했다는 사실을 부정해서는 안 된다. 반대로 오늘의 나를 새롭게 선택하고 계획을 세우면, 내일의 나는 분명 달라질 수밖에 없다.

보잘것없는 일이 보잘것없는 나를 만드는 것이 아니라 보잘것없는 나의 사고가 내가 하는 일들을 보잘것없게 만든다. 일은 나를 담는 그릇이다. 그 그릇에 담긴 나의 얼굴, 나의 생각, 나의 감정이 오늘 어떤 모습인지, 지금 스스로에게 물어보자.

우리는 이번 장에서 일을 바라보는 나의 관점과 감정, 그리고 일과 내가 맺어온 관계에 대해 살펴보았다. 다음 장에서는 지금 내가 일과 맺고 있는 관계가 구체적으로 어떤 과정을 거쳐 형성된 것인지를 들여다보고자 한다. 그리하여 모호하고 추상적이었던 나와 일 사이의 관계를 조금 더 선명하게 파악하고자 한다.

Chapter 02

일에서 길을 잃는 10가지 이유

▼

일을 연구하는 업을 시작한 후로, 우리는 자연스럽게 자신의 일을 두고 고민하는 사람들의 이야기를 들어주는 역할을 해오고 있다. 처음에 사람들이 자신의 일과 관련한 문제를 이야기할 때에는 분노, 슬픔, 배신감, 심란함 등 여러 감정이 뒤섞인 채로 말하기 때문에 그들의 일 문제를 어디에서부터 어떻게 풀어야 할지 고민스러운 것이 사실이다. 그렇지만 그들의 이야기를 경청하며 심층적으로 파고들다 보면, 그들이 자신의 일에서 문제를 겪게 된 최초의 원인을 발견하게 된다. 대부분의 경우, 문제를 일으킨 최초의 원인을 잘 해결하지 않은 채로 지내다가 거기에 다른 요인들이 더해지면서 문제가 눈덩이처럼 커진 상황이었다. 가령, "요즘 정말 일이 재미가 없어요"라고 이야기했던 사람의 경우는 다음과 같은 이유로 일에 대한 흥미를 잃고 있었다.

[Why? 일에 대한 흥미를 잃는 이유들]

- 일에서 의미를 잘 느끼지 못하는 중이다.

- 회사가 성장해도 나에게 돌아오는 보상은 없을 것이라는 생각이 들기 시작한다.

- 내가 일하는 조직은 늘 회사의 성장만 강조할 뿐, 개인에게는 희생만 바란다.

- 리더의 일거수일투족이 개인의 희생을 강요하는 것처럼 느껴진다.

- 리더가 적은 연봉을 주면서 내 노동력을 부려먹는 듯이 느껴진다.

- 현재 나에게 주어지는 보상이 마음에 들지 않는다.

모든 것은 보상에서 시작되었는지 모른다. 보상이 만족스럽지 않으니 리더의 일거수일투족이 마음에 들지 않았고, 조직 문화가 불편했으며, 일에서 의미를 느낄 수가 없어서 회사를 다닐 맛이 나지 않았던 것이다. 이는 일에서 길을 잃고 헤매는 전형적인 사례이다. 이처럼 하나의 사건 혹은 이슈는 연쇄적인 생각과 반응을 불러일으킨다. 어떻게 보면 우리의 머릿속에서 늘 일어나는 자연스러운 생각의 흐름이기도 하다. 그런데 생각의 흐름만 쫓다가 원인이 되는 요인을 제대로 포착해내지 못하면, 시간이 흐를수록 부정적인 생각의 연결고리만 견고해지고 만다. 결국 언제, 어디에서부터 잘못된 것인지 알아내지 못한 채, 방향을 잃고 부유하게 된다.

우리는 적극적으로 사람들이 들려준 이야기에 귀를 기울였다. 더불어 일에서

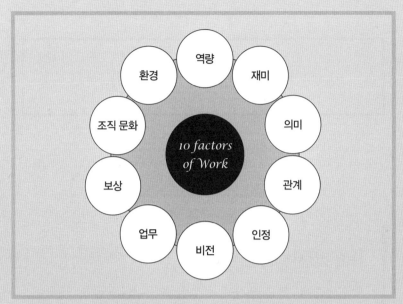

| 일에 영향을 주는 10가지 요인

길을 잃은 이유를 찾아내며, 문제를 적극적으로 풀어나갈 수 있는 방법을 연구했다. 그렇게 수년간 수집한 자체 데이터를 통해, 일에 영향을 주는 요인을 **역량, 재미, 의미, 관계, 인정, 비전, 업무, 보상, 조직 문화, 환경**, 즉 10가지로 추려낼 수 있었다.

지금부터는 위에서 언급한 10가지 조각을 하나씩 들여다보고자 한다. 독자분들의 쉬운 이해를 위해 일에서 길을 헤맸던 사람들의 구체적인 사례를 들어 설명하려고 한다.

역량_ 실력과 욕망 사이

[모든 것이 처음이어서]

혜영 씨는 입사한 지 이제 한 달째에 접어든 신입사원이다. 전화를 받는 것도 떨리고, 옆 부서의 요청도 도무지 이해할 수 없다. 운영 시스템을 익히는 것에서부터 보고서 작성, 사내 매너, 동료들과의 소통 등 무엇 하나 제대로 아는 것이 없는 듯하다. 대학 4년 동안 도대체 뭘 배웠는지, 실수를 연발하는 자신이 한심하기 그지없다. 지난주에 과장님이 작성해보라고 지시하셨던 기획서를 일주일째 붙잡고 있지만, 제대로 작성하고 있는 중인지 잘 모르겠다. 보고를 하긴 해야 하는데, 아침부터 가슴이 쿵쾅거린다. 시간이 지나면 나아질까? 나도 옆자리의 대리님처럼 멋있게 일할 수 있을까? 하루를 되돌아보면 특별히 한 일도 딱히 없는데, 퇴근 후에는 녹초가 되어버리곤 한다.

[리더는 처음이라서]

대기업에서 구매 업무를 8년째 담당했던 장호 씨는 승진과 동시에, 지방 지점으로 발령받아 현재는 총무팀장으로 일하고 있다. 본사에서는 혼자 조용히 일했는데, 이제는 팀원들도 생긴데다가 새로운 지역에 적응하며 일하려다 보니 정신이 하나도 없다. 무엇보다 팀원들을 이끌어야 하는 리더의 역할이 너무 낯설다. 팀원들을 앉혀놓고 일을 가르치는 것이 오히려 더 시간이 걸리는 듯해서 혼자서 할 수 있는 일들은 혼자 다 했더니, 이제는 업무량을 감당할 수 없게 되었다. 어떤 일을, 누구에게, 어떻게 넘겨줘야 할지 잘 모르겠다. 리더가 되기만 하면 무슨 일이든 잘할 자신이 있었는데… 이 난관을 어디에서부터 풀어야 할지 모르겠다.

[내가 과연 적합한 사람일까?]

현경 씨는 방송 작가로, 얼마 전 잘나가는 케이블 TV의 예능 프로그램 제작팀으로 이직했다. 이전에는 공영방송의 다큐멘터리 작가로 5년간 일했다. 문제는 새로운 팀의 회의 방식이나 결과물을 만들어내는 프로세스가 낯설었다는 것이다. 꼼꼼하고, 철두철미하게 일하는 자신의 업무 속도를 다른 동료 작가들이 답답해한다는 생각이 들었다. 친한 선배의 추천으로 모처럼 얻은 좋은 기회인데, 자신의 업무 역량이 낮아 새로운 팀에 적응하지 못하고 인기 없는 다른 프로그램을 맡게 될까 봐 두렵다. 잠도 거의 포기한 채 아등바등 쫓아가고 있지만, 주변 동료들의 무시하는 듯한 표정과 말투를 견디기가 좀처럼 쉽지 않다.

역량은 일을 해나가는 데 있어서 중심점 역할을 한다. 직무 역량이란 쉽게 말해서 주어진 일을 해낼 수 있는 능력을 의미한다. 주어진 일에 비해 내가 해낼 수 있는 역량이 낮을 때, 일을 하는 동안 받는 좌절감과 심리적 스트레스는 배가 되곤 한다. 역량은 크게 두 가지를 포함한다. 하나는 기술적인 능숙도(지식, 기술)로, 눈으로 확인되는 능력이다. 다른 하나는 일을 해낼 때 요구되는 태도(정서 지능과 스트레스 관리 능력, 동기, 개인의 특질)로, 이 부분은 겉으로 보아서는 측정이 불가능하다.

역량의 측면에서 고통을 호소하는 사람들은 자신에게 주어진 일에 비해 업무 역량이 낮아 힘들어하는 경우가 대부분이다. 혜영 씨의 사례는 업무 목표 자체는 평범하지만, 해당 업무를 해내는 데 필요한 실력을 평균 이하의 수준으로 갖추고 있어서 어려움을 느끼는 경우이다. 이처럼 일을 처음 배우는 사람들은 반드시 일정 시간 노력해서 업무 역량을 길러야 한다. 장호 씨의 경우는 자신의 능력으로는 감당할 수 없을 만큼의 업무가 주어진 상황으로, 과다한 업무량에 더해 역량의 깊이까지 요구되고 있다.

일을 할 때에는 개인의 역량도 중요하지만, 몸담고 있는 조직의 성격과 업무의 특수성에 걸맞은 역량을 갖춰야만 성과로 이어질 수 있다. 현경 씨의 경우, 꼼꼼한 일 처리 역량을 갖췄지만, 그녀가 현재 일하고 있는 조직은 꼼꼼함보다 민첩성을 더욱 요한다. 이 둘의 불일치로 현경 씨는 힘들어하고 있는 것이다. 이럴 경우, 팀이나 조직이 원하는 핵심 역량과 자신이 가진 역량 사이에서 시너지를 낼 수 있는 방법은 없는지, 당장 성과를 내기 어렵다면 두 역량 사이의 차이를 메꿀 방법은 없는지 생각해봐야 한다.

Q. 지금 하는 일과 자신이 가진 역량 사이에서 안정된 균형감을 느끼고 있는가? 만일 그렇지 않다면 그 이유는 무엇일까? 어떤 역량을 더 강화해야만 업무에서 안정감을 느낄 수 있을까?

재미_ 재미가 없어서 뛰쳐나왔어요

[제가 할 수 있는 일이 뭔가요?]

지방 소재 대학에서 법학을 전공한 성현 씨는 취업에 거듭 실패하고 고향에 내려왔다. 성현 씨가 당장 할 수 있는 일은, 아버지가 운영하시는 대형 슈퍼의 일을 돕는 것이었다. 슈퍼 일은 어렵긴 했지만 매출이 제법 나왔다. 성현 씨가 성실하게만 운영한다면, 회사에 취직해서 받는 연봉보다 더 많은 돈을 벌 수도 있었다. 아버지는 성현 씨를 정식으로 고용하여, 언젠가는 자신의 슈퍼를 물려주고 싶었다. 그러나 성현 씨는 이 일을 하며 재미는커녕 괴로움을 느낀다. 그런 성현 씨의 마음도 모른 채, 아버지는 성현 씨의 일거수일투족에 잔소리만 하신다. 오랫동안 슈퍼 일을 해오신 아버지 눈에는 성현 씨의 일하는 모습이 썩 마뜩지 않았기 때문이다.

어느 날 물류를 정리하고 있는 직원의 컨디션이 안 좋아 보여서, 성현 씨가 퇴근을 일찍 시킨 적이 있었다. 그랬더니 아버지는 성현 씨에게 "왜 네 마음대로 직원을 보냈느냐"라며 노발대발하셨다. 물러진 과일을 할인 판매하려고 매대를 정리하고 할인가를 적어 붙였더니, 이번에도 아버지는 칭찬하시기는커녕, 자신의 허락을 받지 않고 일했다며 화를 내셨다. 잠깐 화장실에 다녀온 것을 가지고도 자리를 오래 비웠다며 역정을 내시고, 성실하지 못하다고 타박하셨다. 아버지 입장에서는 일을 잘 가르쳐주기 위해 한 행동들이 성현 씨에게는 일터를 창살 없는 감옥처럼 느끼게 만들었다.

[지겹다 지겨워]

규민 씨는 입사 때부터 지금까지 모 의류회사에서 영업 관리 업무를 해왔다. 그런데 같은 일을 7년째 하다 보니 요즘은 통 재미가 없다. 다음 달에 무엇을, 어떻게 해야 할지 일의 패턴이 너무 빤히 보인다. 매번 비슷한 내용을, 다르게 포장해서 보고하는 것도 신물이 날 지경이다. 엑셀 파일을 정리하고, 매출 계획을 짜고, 매출 달성이 안 되는 이유를 분석하고, 각 매장에 매출을 독려하는 연락을 하는 이 일이 너무 뻔해서 기회가 닿을 때마다 인사과에 다른 부서로 보내달라는 어필도 했지만 아무 소용이 없다. 하루는 컴퓨터 앞에 앉아서 일하다가, 도저히 견딜 수가 없어 사무실을 뛰쳐나간 적도 있다. 이렇게 일은 재미가 없는데, 시간이 흐를수록 연차만 쌓여간다. 다른 회사에 이직한다고 해도 현재의 경력으로는 비슷한 일밖에 할 수 없을 듯해서, 가슴이 답답하다.

[회사인가요? 절간인가요?]

유쾌하고 사교적인 성격의 나영 씨는 혼자서 하는 일보다 사람들과 함께할 수 있는 일을 즐긴다. 나영 씨는 대기업 인사팀에서 직원 교육 프로그램을 기획하고 운영하며, 사내의 다양한 부서와 직급의 임직원들을 만날 수 있었다. 교육 외에도 다양한 이벤트들을 기획하며 즐겁게 일했다. 무엇보다도, 한 팀에서 일하는 동료들과 호흡이 잘 맞았다. 회의 시간도 늘 화기애애한 분위기였다. 이보다 더 좋은 직장 생활이 있을까? 일하는 재미에 흠뻑 빠졌을 무렵, 나영 씨는 계열사 감사팀으로 발령을 받게 되었다.

발령 후 첫 출근 날, 나영 씨는 이전 회사와는 완전히 다른 사무실 분위기에 입도 뻥긋하지 못했다. 사무실은 회사인지, 절간일지 알 수 없을 정도로 조용했다. 바로 옆자리에 앉아 있는 사람과도 사내 메신저로 대화하는 분위기였다. 어찌나 조용하던지 발소리도 나지 않도록 조심조심 걸어야 했다. 나영 씨는 숨이 턱 하고 막혔다. 게다가 업무 분담이 너무 명확해서 협업을 하기보다는 혼자서 해야 하는 일들이 많았다. 시간이 흐를수록 활달하고 생글생글했던 나영 씨의 얼굴에 먹구름이 앉았다.

재미는 일에서 행복감을 찾게 해주는 요인 중 하나이다. 아무리 중요한 일이라도, 흥미가 떨어지는 일을 오래 지속하기는 어렵다. 일 자체에 대해 흥미를 느끼면, 내적 동기가 높아져서 누가 시키지 않아도 그 일을 스스로 시작하고 마무리하게 된다.

미국의 심리학자인 에드워드 데시Edward Deci와 리처드 라이언Richard Ryan은 자기결정성 이론을 통해 우리의 내적 동기를 '자율성', '유능감', '관계성'이라는 3가지 키워드로 설명했다. 이 세 가지 중 어느 하나라도 충족되지 않으면 '스스로 기꺼이 하고자 하는' 불씨는 결코 당겨지지 않는다. 각각의 키워드를 앞의 세 가지 사례와 관련지어 살펴보자.

스스로 결정하고 행동함을 의미하는 **자율성**Autonomy은 인간의 본능이다. 우리는 자유의지에 따라 살고자 하는 강력한 욕구가 있는데, 자기 뜻대로 할 수 있는 것이 하나도 없을 때 재미가 없다고 느낀다. 슈퍼 운영의 모든 것을 아버지에게 허락받아야만 하는 성현 씨는 답답함으로 인해 일에서 재미를 느끼지 못하게 되었다. 우리는 일이 잘 풀리든 그렇지 못하든 결과에 관계없이, 스스로 일을 기획하고 성과를 확인하는 과정에서 진짜 일을 하고 있다고 느낀다. 기업의 대표나 리더가 무거운 책임감을 지고 있으면서도, 직원들보다 열정적으로 일하는 이유는 자신이 권한을 가지고 결정을 내릴 수 있는 일의 범위가 상대적으로 넓기 때문이다.

규민 씨의 경우에는 반복되는 일의 패턴과 목표로 인해 **유능감**Competence을 느끼지 못하는 상황이다. 유능감은 '나는 괜찮은 사람이야!', '나는 이 일을 반드시 해낼 수 있어'라는 믿음을 스스로 가지는 것을 말한다. 특히 일을 할 때, 자신의 강점을 활용하여 성취감을 느껴야, 하고 있는 일에 재미를 느끼게 된다. 그런데 주어진 일이 너무 쉽거나 혹은 너무 어려우면 유능감을 느끼기 어렵다. 자신의 현재 능력보다 한 단계 어려운 일에 도전해서 목표한 바를 이뤄냈을 때, 우리는 유능감의 짜릿함을 맛보게 된다. 동시에 '이게 바로 진짜 일하는 재미지!'라는 탄성을 내뱉게 된다.

일에서 재미를 느끼게 하는 마지막 요인은 **관계성**Relatedness이다. 같이 일하는 사람이 좋아서, 일이 재미있어진 경험을 누구나 한 번쯤 해보았을 것이다. 좋아하는 사람과 함께 있으면 시간이 빨리 흘러가지 않는가. 특히 나영 씨처럼 관계성을 중요하게 생각하는 사람들은 일의 생산성과 창의성에도 영향을 미칠 만큼, 사람으로부터 받는 에너지 자체가 일의 강력한 동기가 되기도 한다. 우리는 누군가를 기쁘게 해주기 위해, 누군가를 실망시키지 않기 위해 노력한다. 함께 일하는 사람들과의 관계는 성과에도 영향을 미칠 뿐만 아니라, 일하는 주체의 감정 상태에도 영향을 미친다.

Q. 지금 하는 일이 재미있는가? 만약 일에서 재미를 느끼지 못한다

면 자율성, 유능감, 관계성 중 어떤 부분이 충족되지 않아서 그런 것일까? 이 세 가지 요인으로 설명되지 않은 다른 이유가 있는가?

의미_ 도대체 왜 이러고 앉아 있나?

[이 좋은 세상에, 일대일 콜?]

행사기획 전문 업체에서 일하는 민주 씨는, 기획과 운영을 비롯해 주어지는 일을 모두 소화해내야 하는 소위 멀티태스킹 중이다. 하지만 비교적 일이 빠르게 진행되는 편이고, 행사가 잘 마무리되면 뿌듯한 마음도 들기 때문에 급여는 다소 적지만 5년째 이 일을 해오고 있다. 그런데 얼마 전, 새로 오신 부장님이 민주 씨가 독자적으로 진행하는 일에 사사건건 간섭하기 시작했다. 부장님은 행사 참석자들 전원에게 전화를 돌려서 참석 여부를 확인하는 등의 세심한 응대가 필요하다고 일갈하며, 민주 씨가 그 일을 했으면 좋겠다고 지시했다. 민주 씨 생각은 부장님과 달랐다. 요즘에는 문자나 이메일로 소통해도 전혀 문제가 없다고 생각되었다. 지금껏 행사를 진행하면서 단 한 번도 전화를 돌린 전례가 없기도 했다. 그러나 부장님은 의견을 굽히지 않앉고, 민주 씨는 결국 100여 명의 행사 참석자들에게 전화를 돌렸다. 온종일 전화를 돌리는 동안, 민주 씨는 다른 일도 해야 하는데 도무지 이 일을 자신이 왜 하고 있는지 모르겠다는 생각에 울화가 치밀었다.

[이건 정말, 일을 위한 일이 아닌가?]

대기업 마케팅팀에서 일하는 태우 씨는 매번 팀장님을 설득하여, 겨우겨우 결재를 받는 프로세스에 지쳐가는 중이다. 얼마 전에 있었던 업체 선정 건만 해도 그렇다. A업체는 그동안 태우 씨가 일하고 있는 회사의 크고 작은 모든 일에 최선을 다해온 업체로, 단가 조정도 감수하면서까지 지금껏 함께 일했던 업체이다. 태우 씨와 개인적인 관계는 전혀 없는 곳이었지만, 태우 씨는 상반기 프로젝트를 진행하는 동안 실무자로서 A업체로부터 많은 배려를 받았던 기억 때문에, 하반기 프로젝트를 할 때도 A업체에 일을 주는 것이 상도라는 생각이 들었다. 그런데 팀장님은 B업체와 C업체로부터 견적을 받은 뒤, 어느 곳에 일을 주는 것이 가장 나을지 판단하여 자신을 설득해보라고 지시했다. 실무자 입장에서는 당장 A업체와 일을 시작해도 시간이 모자란 판국에, 업체 간 경쟁 프레젠테이션 과정을 거쳐 일을 진행하면 프로젝트는 최소 3주 늦게 시작되고 만다. 무엇보다 A업체에 미안한 마음이 크다. 사실 업체 선정은 팀장 선에서 최종 결재를 해도 되는 사안인데, 책임을 지고 싶지 않아서 일을 위한 일을 만드는 팀장님이 태우 씨는 영 못마땅하다.

[명품에 1도 관심 없는데 그걸 팔아야 하다니…]

현정 씨는 명품시계회사의 마케팅팀에서 일하고 있는 3년 차 마케터이다. 현정 씨는 가정 형편이 넉넉지 않아서 대학생 때부터 가장 역할을 해야만 했다. 월급을 받아도 학자금 대출을 갚아야 하기 때문에 빠듯한 생활을 하는 중이지만, 검소하고 건강하게 자신의 삶을 꾸려가던 현정 씨에게 요즘 고민이 하나 생겼다. 마케터로서 자신이 마케팅 중인 명품시계를 하나쯤 갖고 있어야만 할 것 같은데, 도무지 그런 고가의 물건을 살 수 있는 형편이 아니었다. 직원 할인을 해주기도 하지만, 그렇다고 해도 천만 원이 넘는 고가의 시계는 현정 씨 형편에 엄청난 무리였다. 또한 현정 씨는 명품시계회사에서 일하고 있긴 했지만, 마음속 깊은 곳에는 부유한 사람들이 자신을 과시하기 위한 수단으로 사용하는 명품시계에 은근한 반감이 있었다. 그래서였을까? 명품시계를 마케팅하는 일이 썩 마음에 내키지는 않는다. 마치 불편한 옷을 입은 것만 같다.

의미는 우리에게 일을 지속할 수 있는 바탕을 만들어준다. 의미는 재미와 마찬가지로 일을 하고자 하는 내적 동기를 일으키는 중요한 요인이다. 일의 의미를 이야기할 때, 다음의 4가지 질문을 빼놓지 않고 살펴봐야 한다. 그 일이 얼마나 나에게 중요한가?(중요성), 내가 하는 일이 얼마나 쓸모가 있는가?(유용성), 지금 하는 일이 왜 일어나고 있는가?(이해), 내가 하는 일이 나를 닮은 일인가?(정체성)

중요성Significance이란 개인적으로 중요하고 가치 있는 일을 하고 있다고 느끼는 것이다. 중요성을 판단하는 기준은 지극히 주관적이어서 타인이 의미 없다고 간주한 일이라도 자신은 그 일에서 의미를 발견할 수 있다. 민주 씨의 사례에서 부장님은 일대일 콜을 하는 것을 중요하게 생각하지만, 민주 씨는 그렇지 않다고 생각한다. 부장님 입장에서는 중요하다고 생각하는 일이 그렇지 않다고 생각하는 민주 씨에게 강요되면서 민주 씨는 일의 중요성을 의심하게 되었다. 더불어 이는 일의 의미를 상실하는 결과로 이어졌다.

유용성Usefulness은 자신의 행위가 쓸모 있다고 느낄 때 생긴다. 나의 일이 시간 낭비가 아니라고 느끼는 경험은 의미 경험을 높여준다. 지금 하는 일이 누군가에게 도움이 된다는 확신이 없거나, 일로 인한 영향이 미미하다고 생각되면 우리는 유용성을 느끼지 못한다.

또한 자신이 하고 있는 일에 대한 **이해**Understanding는 일에 의미를 부여하기 위해 꼭 필요하다. 우리는 자신에게 일어나고 있는 일들이 왜 일어났는지를 설명하지 못할 때도 '의미 없음'을 경험한다.

'왜 내가 저 일을 해야만 하는가?'라는 질문에 쉽게 대답할 수 없으면 일에 깊이 몰입할 수 없다.

마지막으로 의미는 그 일을 하는 개인의 **정체성**Identity과도 밀접하게 연결되어 있다. 앞의 사례에서 현정 씨는 명품을 마케팅하는 일 자체에 불편함을 느끼고 있다. 현정 씨가 하고 있는 일은 그녀가 경험하거나 공감해보지 못한 영역의 일이다. 지금껏 자신의 삶을 잘 살아오던 현정 씨에게 그녀가 하는 일은 본래의 현정 씨와는 다른 모습을 요구한다. 일을 하는 환경이 개인의 정체성과 연결되지 못하면, 일하는 개인은 맞지 않은 옷을 걸친 듯한 느낌이나 공허함을 느낄 수 있다. 우리는 자기다움을 드러낼 수 있는 환경에서 일의 의미를 더욱 강하게 느끼고 일을 지속해나갈 수 있다.

Q. 지금 하는 일에서 어떤 종류의 의미를 느끼고 있는가? 지난 경력을 돌이켜봤을 때, 시간이 지남에 따라 일의 의미는 어떻게 변화하고 진화했는가?

관계_ 네가 나가거나, 내가 나가거나

[참다 참다 병까지 걸렸다]

광고 홍보 분야에서 10년간 일하고, 현재는 일을 쉬고 있는 혜리 씨는 자신을 '상사 복이 정말 없는 사람'이라고 이야기했다. 혜리 씨가 인턴으로 일하고 있을 때, 당시 그녀의 상사는 그녀보다 한 살 많았다. 나이 차이가 많이 나지는 않았지만, 혜리 씨는 일과 관련한 것이라면 상사에게 모든 것을 배울 의향이 있었다. 문제는 혜리 씨의 상사가 그녀에게 업무 외의 부당한 지시들을 하면서부터 시작되었다. 외부 미팅을 할 때 자신의 구두를 대신 들게 하는 것은 예삿일이었고, 심지어는 치킨 집에서 회식하는 중에 갑자기 김밥이 먹고 싶다며 식사 중인 혜리 씨에게 김밥 심부름을 시키기도 했다. 자신을 하녀처럼 부리는 상사가 못마땅했지만, 당시 인턴 신분이었던 혜리 씨는 자칫 부당함을 항의했다가 정직원이 되지 못할까 봐 그저 참는 수밖에 없었다. 그러다 보니 없던 속병까지 생기고 말았다.

몇 년 후 다른 직장으로 이직한 혜리 씨는 다시 상사 문제에 부딪혔다. 새로 만난 상사는 이전 직장의 상사보다 더한 사람이었다. 함께 밥을 먹다가 상사를 믿고서 자신의 경제적 고민을 털어놓았더니, "쟤는 돈이 없어서 어쩔 수 없이 일해야 돼"라는 모욕적인 말을 하며 다른 부서에 혜리 씨의 사정을 소문내는 등 그녀의 약점을 꼬투리 잡아 집요하게 괴롭혔다. 혜리 씨는 자신이 도대체 무슨 잘못을 했기에 매번 악질적인 상사, 갑질하는 상사만 만나는지 모르겠다며 억울해했다. 결국 이런 꼴 저런 꼴을 모두 보기 싫어 회사를 그만두었는데, 퇴사 후에 몸에 이상이 있어 병원에 갔더니 면역체계에 이상이 생겼다는 진단을 받았다. 몸까지 상하고 나니, 혜리 씨는 그 모든 부당한 대우를 참고 견디기만 했던 자신에게 더욱 화가 났다.

[두 얼굴의 그녀]

희정 씨는 입사 동기인 선영 씨가 너무 싫다. 둘은 입사 후 8년간 같은 사업부에서 일했다. 희정 씨는 조용하고 무뚝뚝한 데 반해 선영 씨는 예의 바르고 싹싹하게 행동하여 선배들에게 예쁨을 많이 받았다. 희정 씨는 선영 씨가 시기심이 많고, 성격이 고약하다고 생각했지만, 겉으로는 큰 문제없이 지냈다. 문제는 얼마 전 선영 씨가 희정 씨와 같은 팀으로 발령을 받게 되어 바로 앞자리에서 일하게 되면서 시작되었다. 멀찍이서만 보던 선영 씨의 아첨을 바로 눈앞에서 매일 보고 있자니 희정 씨는 정말 고역이었다.

그러던 중 희정 씨가 선영 씨에게 완전히 등을 돌리게 되는 일이 생겼다. 팀장님이 잠시 자리를 비우거나 장기 출장을 다녀올 때면, 팀의 막내급인 3년 차 정 주임과 1년 차 김 사원을 불러다가 혼내는 것 같았는데, 어느 날 희정 씨는 선영 씨가 정 주임을 불러내어 혼내는 모습을 우연히 목격하게 되었다. 희정 씨는 선영 씨의 앙칼진 고함 소리와 날이 바짝 선 말투를 듣는 순간, 등골이 오싹해졌다. 선배들에게는 입안의 혀처럼 굴면서, 후배들은 막 대하는 선영 씨의 모습에 어안이 벙벙하기도 했다. 희정 씨는 선영 씨에게 혼이 나서 잔뜩 주눅이 든 정 주임이 안쓰러운 마음에 정 주임을 달래주고 챙겨줬다. 그 모습을 본 선영 씨는 가만히 있지 않았다. 선영 씨는 희정 씨를 따로 불러내어 "희정 씨가 그렇게 정 주임을 감싸고돌면 내가 뭐가 되느냐"라며 도리어 화를 냈다. 희정 씨는 그런 선영 씨가 인간적으로 너무 싫고 그녀와 같은 공간에서 일하고 싶지가 않다. 회사 인트라넷에 일자리 공시가 떴는데, 거기에나 지원해볼까 싶다.

[설마 내가 꼰대?]

영선 씨는 남자 직원이 상대적으로 많아 암암리에 수직적인 군대식 문화가 존재했던 자동차 제조업 분야에서 10년간 일했다. 그동안 영선 씨는 남성적인 조직 문화에 저항하기보다는 자신을 조직에 맞춰 왔다. 덕분에 사내에 몇 안 되는 여성 과장으로서 인정을 받을 수 있었다. 일이 바쁜 기간에는 휴가도 쓰지 않았고, 잦은 야근에도 불평 한 번 하지 않았다. 가기 싫을 때도 있었지만 자기주장을 내세우며 튀고 싶지 않아서 부서 회식에도 억지로 참석하곤 했다. 그런 과정들 덕분에 지금의 자리에 올 수 있었다고 생각했다.

그런 영선 씨가 보기에 90년대생 후배들은 외계에서 온 존재들처럼 좀처럼 이해하기가 어렵고 낯설다. 겉으로 보기에는 사교성도 좋아 보이고 생글거리는데, 어떤 때는 자기만 아는 개인주의자들 같다. 1년 사이에 영선 씨 팀에서 90년대생들 3명이 퇴사했다. 인사과에서는 영선 씨의 리더십을 의심했다. 젊은 팀원들의 퇴사를 연달아 경험하고 나니, 이제는 90년대생 직원들과 만나고 이야기하는 일이 두렵고 무섭기까지 하다. 이제야 회사에서 일 좀 한다고 윗사람에게 인정받게 되었는데, 아랫사람들과 갈등이 생기다니 곤욕스럽다.

여기에서 이야기하고 있는 관계란 쉽게 말해, 일로 맺어진 인간관계에서의 만족도를 가리킨다. 이 관계는 **일의 재미, 의미, 인정, 환경 등 다른 요인에 전천후로 영향**을 준다. 일을 매개로 만나게 된 사람들과 경험하는 일련의 사건들, 그로 인해 파생되는 좋고 싫음의 감정은 일의 만족도와 밀접하게 연결되어 있다. 관계가 긍정적이면 일을 둘러싼 다른 모든 것들의 부족한 부분이 만회되기도 한다. 보통 직장을 옮길 때, 사람을 보고 옮기는 경우도 많지 않은가. '아는 선배의 회사라서', '절친한 친구와 동업하기 위해', '믿을 만한 예전 직장 동료가 추천해서' 등 '사람' 하나만 보고 일의 환경을 변화시키기도 한다.

긍정적 관계가 주는 시너지는 매우 강력해서 인정이 동반되면, 일에서 재미와 의미를 배로 느끼게 된다. 또한 관계로부터의 선순환은 역량으로 이어져 더 나은 업무적 성취를 가져오기도 한다. 그러나 일로 맺어진 인간관계에 문제가 생길 경우, 다른 일의 요인들에 영향을 주기도 한다. 특히 상사와 부정적 관계를 형성하게 되면 직장 내에서 느끼는 행복 수준의 질이 떨어지게 되고, 자발적 퇴사율이 높아진다. 왜냐하면 직장 상사와의 관계는 일반적인 인간관계와는 달리 성향이나 성격, 가치관이 다르다고 하더라도 관계를 피할 수 있는 방법이 없어 불만과 불편한 마음을 숨긴 채 가까운 공간에서 서로를 대해야 하기 때문이다. 마음속 이야기를 해서도 안 되고, 할 수도 없는 상황에서 버티는 것만이 답이라고 여기다 보면 괴로움이 배가 되어 마음의 병으로 이어지기도 한다. 앞에서 언급한 사례 중 혜리 씨의 사례가 그러했다.

우리는 여러 개의 페르소나Persona(가면)를 쓰고 살아간다. 대다수의 사람들은 일할 때의 얼굴과 평소 일상생활을 할 때 보여주는 얼굴이 다르다. 그런데 일할 때 보여주는 페르소나는 그 사람의 본성과 더불어서 조직 문화나 업무적 특수성, 업무적 이해관계가 복잡하게 얽혀서 형성된다. 그런 까닭에 가족이나 친구를 대하는 모습과 업무적으로 만나는 사람을 대하는 모습은 완연히 다르기도 하다. 앞의 사례에서 선영 씨는 일로 만나는 관계 안에서도 상사와 후배를 대하는 얼굴이 완전히 다른 경우이다.

영선 씨의 사례는 중간 관리자급에서 많이 호소하는 문제로 세대 차이에 따른 상호이해의 부족이 문제의 원인이다. 특히 밀레니얼 세대(1980~1996년 사이에 태어난 세대로 스마트폰과 인터넷을 기반으로 하는 디지털 문명사회에서 시장을 움직이는 소비의 주역으로 주목받고 있는 세대)가 본격적으로 노동시장에 유입되면서 이들이 추구하는 삶의 가치와 태도가 기존 세대들이 중요하게 생각해온 그것과 충돌하는 일들이 발생하고 있다.

관계의 어려움을 느낄 때는, 문제가 생긴 근원을 먼저 살펴보자. 단순히 개인의 성향이나 가치관, 의사소통 방식이 달라서 생기는 문제인지 또는 세대나 문화의 차이처럼 큰 맥락에서 비롯된 갈등인지 살펴볼 필요가 있다. 개인의 성향이나 가치관, 의사소통 방식 등이 달라서 발생한 문제라면 두 사람의 성향 차이를 이해하는 것이 도움이 되겠지만, 세대 차이나 문화적인 갈등이 원인이라면 좀 더 보편적인 관점에서 갈등을 이해해볼 필요가 있다.

그러나 서로의 다름을 어느 정도 인지하고 있고, 공감과 대화를 통해서 풀어야 한다는 좋은 방법을 '머리'로는 잘 알고 있지만, 한번 틀어진 불편한 관계를 회복하는 것은 말처럼 쉬운 일이 아니다. 한번 상한 '감정'이 다가가고 싶은 마음조차 들지 않게 막기 때문이다.

그러나 내가 맺고 있는 관계의 불편함을 인지했다면, 상황을 더 악화하는 것은 어떻게든 막아보자. 우리는 종종 인연의 끈에 연결되어 있기에 단 두 사람 사이의 문제라고 생각되는 일도, 눈에 보이지 않는 많은 것들과 이어진다. 가령 이직이나 승진 등의 과정에서도 한번 틀어진 관계에서의 악연이 소위 평판으로 이어져, 나도 모르는 사이 잠재적 기회를 박탈당하는 일들도 비일비재하다.

오해의 상황이 있다면 그때그때 풀어 더 곪아버리지 않도록 하거나, 서로의 다름이 커서 좁혀지지 않는 사람이라면 아예 부딪힐 일을 만들지 않는 것도 방법이 될 수 있다. 이 모든 것이 여의치 않은 상황이라면, 불편한 대상에 대한 관심 스위치를 의도적으로 꺼두는 연습을 해보는 것은 어떨까? 최소한 스스로 심리적으로 휘둘리지 않는다면, 최악의 상황은 막을 수 있지 않을까?

Q. 지금 일로 관계를 맺고 있는 사람들과의 관계는 어떠한가? 불편함을 느끼고 있다면, 어떤 이유 때문인가? 관계의 어려움을 해결하기 위해 조언을 얻을 수 있는 사람과 정보는 어디에 있는가?

인정_ 전 투명인간이 아닙니다

[백날 잘해봐야 소용없어요]

부동산개발회사에서 일하는 영호 씨는 최근 새롭게 건설된 쇼핑몰의 마케팅 업무를 담당했다. 영호 씨는 쇼핑몰 오픈을 앞두고 거의 1년 동안, 새벽 2시에 퇴근하는 생활을 반복했다. 처리해야 하는 일들이 눈앞에 산더미처럼 쌓여서 아내와 갓 태어난 아이에게 신경을 쓸 겨를조차 없었다. 드디어 쇼핑몰이 오픈되고 안정적으로 돌아갈 무렵, 오픈 전에 기획했던 몇 가지 일들에서 운영상의 문제가 발생했다. 당시 너무 바빠서 제대로 챙기지 못하고 넘어간 것이 화근이었다. 하지만 영호 씨도 할 말이 없는 것은 아니었다. 이번에 문제가 생긴 사안은 당시에 진행 여부를 상부에 물었을 때, 시간이 없으니 그냥 대강 밀고 나가라는 식으로 컨펌을 해준 사안이었다. 그런데 문제가 생기자 모든 질책이 실무자였던 영호 씨에게 쏟아졌다. 영호 씨가 아니었으면 처리하기 어려웠을 수많은 일들에 대한 칭찬은 고사하고, 한 가지 실수로 인해 대표이사에게까지 불려가 호된 꾸중을 들었다. 영호 씨는 너무 억울했다. 지난 1년간 끼니도 제대로 챙겨 먹지 못하고 온몸을 다 바쳐 일했던 시간이 주마등처럼 스쳐 지나갔다.

[저도 직원이에요]

작은아버지의 병원에서 원무 및 행정 업무를 하는 연희 씨에게 고민이 생겼다. 작은아버지의 병원은 연희 씨 외에도 연희 씨의 고모와 고모부도 함께 일을 하는 가족경영 병원이다. 병원에는 늘 환자가 끊이지 않았다. 진단도 잘하고 치료도 잘하는 병원으로 강남에서 소문난 병원이었기 때문이다. 날로 성장해나가는 병원에서 일할 수 있다는 사실은 기쁜 일이었지만, 연희 씨는 한 가지 못마땅한 부분이 있었다. 병원 운영이나 회계상의 문제에 관해서 자신이 낸 의견을 상사이자 가족이기도 한 사람들이 너무 가볍게 여기는 태도가 마음에 들지 않았다. 현재 자신의 경력이면 다른 직장에서는 대리급인데, 작은아버지의 병원에서는 평생 막내 취급만 당할 것 같았다.

문제는 병원에 새로 들어온 직원들이나 간호사들도 연희 씨를 막내 취급하고 무시한다는 사실이었다. 게다가 외국에서 대학원까지 졸업했는데 가족이 운영하는 병원에서 일하고 있으니 연희 씨의 지인들은 그녀를 쉽게 취업한 사람으로 여기기도 했다. 일로써 인정받지 못하고 있다는 답답함 때문에 연희 씨는 계속 작은아버지의 병원에서 일해야 할지 고민이다.

[되겠어요? 그 사업?]

대학교 연구팀에서 일했던 혁수 씨는 IT 관련 스타트업을 창업하기 위해 1년째 준비 중이다. 국가 지원 사업 공고가 뜨면 혁수 씨는 지원금을 받기 위해서 열심히 사업계획서도 쓰고 프레젠테이션도 준비했다. 하지만 야속하게도 매번 지원을 받는 데에는 실패했다. 혁수 씨가 프레젠테이션을 시작하면 평가관들은 전혀 알아듣지 못하겠다는 표정을 보였다. 그도 그럴 것이 혁수 씨는 말주변도 없을뿐더러, 프레젠테이션을 할 때마다 너무 떨려서 말이 빨라지곤 했기 때문이다. 그뿐만이 아니었다. 평가관들은 혁수 씨의 사업 아이디어에 꼬투리를 잡으며, 현실성이 없다고 고개를 절레절레 흔들곤 했다. 사업을 위해 함께 일하고 싶은 개발자들을 설득하는 일도 쉽지 않다. 그 누구도 혁수 씨가 사업을 잘해내리라고 응원해주지 않는다. 자신이 고안한 사업이 분명 좋은 비즈니스 모델이 될 것으로 생각하고 용감하게 도전했지만, 혁수 씨는 요즘 통 자신이 없어졌다.

타인의 인정은 일에 영향을 미치는 요인 중 하나이다. 개인적인 희생을 감수하고 자신의 업무에 최선을 다한 영호 씨는 그토록 고생한 것을 알아주지 않은 회사에 화가 났다. 연희 씨는 가족회사에서 일한다는 이유로 자신의 능력이 인정받지 못한다는 생각에 의기소침해졌다. 또한 자신의 사업을 준비하면서 그 누구의 지지도 받지 못한 혁수 씨는 지금 하는 일 자체를 밀고 나갈 자신감을 상실했다.

일로 인정을 받게 되면 사회적 소속감을 강력히 느낌과 동시에 자신의 존재와 역량을 확인받음으로 인해 이렇게 일을 해도 되겠다는 일종의 심리적 안정을 느끼게 된다. 반대의 경우, 자신이 지금껏 해온 노력을 부정하게 되고, 사회나 사람들로부터 인정을 받지 못한 자신의 존재를 깎아내리게 된다. '나는 이 정도밖에 안 되는 사람인데, 앞으로 더 무엇을 하려고 하는가?'라는 생각이 이어지면 일의 미래를 건강하게 바라볼 힘도 상실하게 된다. 가장 큰 문제는 심리적인 탈진과 우울감으로 연결되는 것이다.

네덜란드의 화가 빈센트 반 고흐Vincent van Gogh는 900여 점의 그림과 1,100여 점의 습작을 남겼지만, 생전에는 단 하나의 작품도 팔지 못했다. 이른 아침부터 밤늦은 시간까지 그는 그리고 또 그렸다. 그림을 그릴 때마다 고흐는 희열과 몰입을 경험했을 것이다. 그러나 그 누구도 그의 그림을 돈을 주고 사려는 사람이 없었기에, 고흐는 평생 경제적으로 동생 테오의 도움을 받아야만 했고, 삶 전반에 걸쳐 깊은 우울감과 슬픔으로 고통스러워했다.

타인의 인정을 받는 것이 꼭 긍정적인 부분만 있는 것은 아니다.

이를테면 이른 나이에 부와 명예를 얻은 경험이 있거나 혹은 고속 승진을 한 경험이 있는 사람들은 자신이 현재 가진 것을 과도하게 평가하는 경향이 있다. 이처럼 자신에 대한 넘치는 믿음은 자신감과 업무 만족도에 있어서는 긍정적인 영향을 줄 수 있을지 모르겠으나, 지나친 자기 확신은 때때로 스스로를 위험에 빠뜨릴 수도 있다. 그러므로 자신을 과도하게 낮추거나, 자신을 실제 능력보다 더 추켜세워 과신하지 않는 중용의 지점을 찾을 필요가 있다.

일을 해나가는 데 있어 타인의 인정을 적절한 연료로 활용하기 위해서는 스스로의 역량에 대해서 솔직하게 평가하는 시간을 가져보는 것이 가장 중요하다. 타인에게는 드러나지 않았지만 자신은 알고 있는 부족한 점, 다른 사람에게 칭찬받지는 못했지만 스스로 생각하기에 충분히 잘했다고 응원할 수 있는 부분을 노트에 적어보면 자신의 역량에 대한 균형 있는 관점을 가지는 데 도움을 받을 수 있다.

Q. 지금 당신은 일로 인정받고 있다는 느낌을 받고 있는가? 또는 주변 환경의 영향으로 자신의 능력을 과신하거나 혹은 자신의 능력을 스스로 낮춰 평가하고 있지는 않은가? 자신에 대한 타인의 인정과 스스로의 인정 가운데에서 겹치는 부분과 그렇지 않은 부분을 적어보고 비교해보자.

비전_ 도무지 미래가 보이지 않아요

[분명 지금은 좋은 회사인데… 불안해요]

몇 년 전 우진 씨의 회사는 인수합병되었다. 우진 씨의 회사는 대한민국에서도 최고로 손꼽히는 대기업 중 한 곳이었는데, 우진 씨의 사업부가 통째로 외국계 회사에 매각되는 일이 벌어진 것이다. 당황스러운 일이었지만, 우진 씨로서는 별다른 방법이 없었다. 위로금과 퇴직금을 받아 목돈도 마련한 상태였고, 새로운 회사가 외국계이다 보니 기존 회사보다 근무 여건이나 조직 문화적인 부분에서 오히려 우진 씨의 성향과 잘 맞는 편이었다. 문제는 우진 씨 생각에 자신이 몸담고 있는 회사에서 추진하는 사업이 앞으로 비전이 없어 보인다는 사실이었다. 이미 사양 산업군에 속하는 제조업인데다가, 회사에서 사업부를 통째로 매각한 것도 장래성이 없다는 판단 때문이었으리라는 짐작이 들었다. 우진 씨는 날이 갈수록 미래가 보이지 않았다. 당장 몇 년이야 버틸 수 있겠지만, '과연 그다음은?'이라는 생각이 자꾸 들었다. 그렇다고 지금 당장 회사를 나갈 용기는 나지 않았다. 커리어도 애매해질 뿐만 아니라, 현재 받고 있는 연봉을 맞춰줄 수 있는 회사도 사실상 없었다. 하지만 미리 앞날을 준비해두지 않으면 큰일이 나겠다 싶어서 요즘에는 가만히 앉아만 있어도 한숨이 절로 나온다.

[전공 살려 일 좀 해보겠다는데, 너무 어렵네요]

영화 씨는 대학에서 일본어를 전공했다. 전공으로 일본어를 배우는 것은 너무 재미있었다. 적성에도 잘 맞았다. 덕분에 우수한 성적으로 학교를 졸업했다. 그런데 막상 사회에 나가보니 일본어를 사용하는 일들은 대부분 정규직이 아니었다. 회사에서도 통역사는 2년 단위의 계약직이었다. 계약직 업무가 끝나면 전공과는 전혀 무관한 일들을 하며 지내는 날들도 수두룩했다. 가끔 국제 행사 자리에 통역 아르바이트를 나가더라도 용돈을 버는 수준에 불과했다. 전공으로 배운 언어를 활용해 일하는 것이 이렇게 힘들 줄은 몰랐다. 최근에는 한일 관계가 경색되는 바람에 일감도 줄어들었고, 일본어를 잘한다는 사실을 말하는 것조차 불편해졌다. 전공을 살려서 일하고자 했던 꿈은 이제 영영 접어야 하는 것일까?

[이제 무엇을 하며 살아갈 것인가?]

지방에서 20년간 주유소를 운영해온 김 사장은 이제 이 일을 접으려고 한다. 몇 해 전 새로운 길이 뚫리면서, 김 사장의 주유소는 찾아오기 힘든 길목에 위치하게 되었다. 당연히 주유소를 찾는 손님은 뚝 끊겼다. 주유를 하러 오는 손님은 거의 없어졌고, 겨울이 되면 주변 공장에 기름을 공급하는 일 정도가 1년 수입의 전부였다. 수입이 급격히 줄었으니 아르바이트생을 둘 수도 없어서 김 사장 홀로 주유소를 지켜야 하는데, 일도 없이 온종일 자리를 지키고 있는 상황이 여간 고통스러운 일이 아니었다. 대학생인 자녀들에게 등록금이며 용돈이며 한참 돈이 많이 들어갈 때인데, 자칫 다른 사업을 벌였다가 그나마 벌어둔 돈까지 날려버릴까 봐 걱정된다. 주유소를 정리하고 나면 무슨 일을 해야 할지 고민해보지만, 특별히 떠오르는 일이 없어 김 사장은 오늘도 소주잔만 기울인다.

재미와 의미가 현재의 심리를 나타낸다면, 일의 비전은 미래의 방향을 가리킨다. 우리가 현재의 일에 집중할 수 있는 동기는 지금 하는 그 일이 더 나은 미래, 더 나은 자아를 만들어줄 수 있다는 희망과 보이지 않게 연결되어 있다. 지금 하는 일을 1년 후, 5년 후에도 하고 싶은지를 미래형으로 물었을 때 '그렇다'라고 대답할 수 있다면, 현재 일에서 비전을 발견했다고 해석이 가능하다. 그러나 지금 하는 일을 계속해나가고 싶은 마음과는 달리 현재의 일을 앞으로 할 수 없게 되는 상황이나 환경에 처하게 되면 일의 비전을 두고 고민하게 된다. 즉, 비전은 내적 동기와 외부 요인이 결합된 형태로 다가온다.

우진 씨는 자신이 종사하고 있는 업태의 불안한 미래를 알면서도, 현재의 안정적인 상황에 만족해야 할지를 두고 혼란스럽다. 영화 씨와 김 사장님은 변화를 눈앞에서 직면하고, 그 막막함에 어떤 선택을 해야 할지 주저하고 있는 중이다. 경중이 다를 뿐, 빠르게 변화하는 오늘을 살아가는 우리 모두는 내가 하는 일의 비전을 두고 고민한다. 지금 잘 해내고 있는 일이라고 할지라도 미래에도 역시 그러리라고 예측하기란 쉽지 않다. 세상의 요구에 따라 새롭게 생기는 직업도 있을 것이고, 사라지는 일도 있을 것이다. 지금은 이름조차 붙여지지 않은 일을 미래의 언젠가 내가 하고 있을지도 모를 일이다.

그렇기 때문에 현재 일하고 있는 조직이나 직장에서 보여주는 비전에만 집중하거나 의존하는 것은 그리 바람직하지 않다. 조직의 비전은 공동의 집단이 만들어나가는 것이고, 개인의 비전은 오롯이 스스로에게 권한과 달성의 의무가 부여되는 것이기 때문이다. 또한 조직과 개인의 비전은 시기에 따라서 서로 같은 방향을 가질 수도 있고, 다른 방향을 가질 수도 있다. 도달하고자 하는 목적지는 같지만, 그 방법에서 차이를 보일 수도 있다. 즉, 조직의 비전과 나의 비전을 두 개의 원으로 그려 견주어보면, 상황이나 시각에 따라서 두 개의 원이 많은 부분 겹칠 때도 있고 그렇지 않을 때도 있다. 그러므로 조직과 함께할 때는 조직의 큰 비전에 동참해야 하겠지만, 그렇다고 해서 스스로의 비전을 등한시하거나 작게 축소시킬 필요는 없다. 조직의 비전이 개인의 비전과 꼭 들어맞지 않는다고 낙심하지 말자. 나의 일을 나의 비전으로 얼마든지 일으켜 세울 수 있음을 기억하자.

Q. 지금 하는 일의 비전을 상상할 수 있는가? 조직과 합치되는 나만의 비전 또는 분리되는 나만의 비전에는 무엇이 있는가? 3년 후, 자신이 하는 일에 관해 어떤 비전을 상상하여 그려낼 수 있겠는가?

업무_ 언제쯤 저 일을 해볼 수 있을까?

[나도 바이어가 되고 싶었어요]

유명 쇼핑몰에 신입사원으로 취업한 유정 씨는 원래 바이어가 되고 싶었다. 그녀가 유통업 쪽으로 취업하고자 했던 이유는 평소 패션이나 라이프 스타일에 관심이 많아 좋은 상품을 사고 보는 것을 좋아했기 때문이다. '직장 생활'이라고 하면, 출장과 미팅이 많은 바이어의 업무를 상상하곤 했다. 유정 씨는 반드시 바이어로서 커리어를 쌓고 싶었다.

그러나 입사 후, 유정 씨는 고객지원팀으로 발령을 받았다. 고객지원팀은 고객의 불편사항을 처리하고 응대하는 일이 주된 업무였다. 반면에 함께 입사한 동기는 패션팀 보조 바이어로 발령을 받았다. 유정 씨가 하고 싶었던 일이었다. 사실 그 친구와 유정 씨는 같은 학교를 졸업했을 뿐만 아니라 업무 역량을 따져봤을 때 별다른 차이가 없어 보였다. 유정 씨는 그 친구가 출장을 간다고 할 때마다 질투가 나서 미칠 지경이었다. 그렇지만 지금의 회사도 어렵게 입사했기 때문에 부서가 마음에 들지 않는다는 이유로 회사를 박차고 나올 용기는 없었다. 참고 일하다 보면 부서 이동의 기회가 있으리라고 믿고 싶었다. 하지만 막상 주위의 선배들을 보면 한번 쌓은 커리어를 쉽게 바꾸기는 어려워 보였다. 그냥 솔직하게 인사과에 이야기를 하면 새로운 기회를 얻을 수 있을까? 혹여나 매사에 불평 많은 직원으로 비치지는 않을까? 오늘도 출근을 하는 그녀의 발걸음이 무겁다.

[하루에 100통이요?]

현지 씨는 청소 도우미 매칭 앱 서비스를 개발하는 한 스타트업의 마케팅팀에 입사했다. 그런데 부서명과는 달리 실제로 하는 업무는 하루에 적어도 100여 명의 사람들에게 전화를 걸어 청소 서비스를 이용할 의향이 있는지 확인하는 일이었다. 현지 씨는 마치 콜센터에 취업한 것만 같았다. 게다가 통화량은 업무 실적에 반영되었다. 이에 대해 현지 씨가 불평을 호소하자 대표는 이렇게 이야기했다. "현지 씨, 스타트업은 원래 이렇게 몸으로 부딪히면서 배우는 거예요. 고객을 창출하기 위해서 이런 단순 노동을 감수하는 것은 당연한 일입니다." 현지 씨도 대표의 말을 이해하지 못하는 것은 아니었다. 하지만 실무를 하며 갖은 곤란을 겪는 것은 대표가 아니라 현지 씨였다. 모르는 사람들과 통화를 나누는 것 자체도 힘이 들었지만, 수화기 너머로 무례하게 구는 사람을 비롯해서 별의별 사람들을 상대해야 하는 일에 현지 씨는 점점 신물이 났다. 급기야 현지 씨는 자신이 진짜로 하고 싶은 마케팅 업무를 이곳에서 배울 수 있을지, 어쩌면 시간 낭비만 하는 것은 아닐지 불안해지기 시작했다.

[언제 또 기회가 올까요?]

준희 씨는 인사교육팀에서 8년 동안 일하다가, 올 초에 사회공헌팀으로 발령을 받았다. 사실 준희 씨는 인사교육 쪽에서 커리어를 꾸준히 키워가고 싶었다. 그래서 없는 시간을 쪼개어 해당 분야의 전문 대학원까지 졸업했다. 준희 씨가 처음에 사회공헌팀에 발령받았을 때는 이곳에서도 자신의 커리어를 충분히 발휘할 수 있을 것이라고 생각했다. 그러나 처음의 생각과는 달리 사회공헌팀과 인사교육팀은 일을 바라보는 관점 자체가 달랐다.

그러던 차에 계열사 인사교육팀에 준희 씨가 일하기에 적합한 공석이 생겼다. 준희 씨는 소식을 듣고 바로 지원서를 제출했다. 그러나 준희 씨가 사회공헌팀에서 하는 업무가 윗선의 인정을 받기 시작하자, 해당 팀에서 준희 씨를 보내주려고 하지 않았다. 결국 발령이 좌절되자, 준희 씨는 요즘 일이 통 손에 잡히지 않는다. 준희 씨에게는 언제쯤 다시 기회가 올까? 아예 회사를 옮겨 원하는 업무를 이어가야 하는 걸까? 준희 씨는 마음속으로 그려왔던 자신의 커리어가 꼬여버린 것은 아닌가 싶어서 요즘 부쩍 마음이 심란하다.

일에 영향을 주는 일곱 번째 요인은 업무, 즉 구체적으로 어떤 일을 하고 있는지에 대한 부분이다. 조직이 성장하기 위해서는 다양한 역할을 수행할 팀과 구성원이 필요하다. 조직은 상품을 파는 영업과 마케팅, 벌어들인 돈을 관리하는 재무, 일하는 사람들을 관리하는 인사 등 각 보직마다 어느 정도 전문적인 역량을 갖춘 사람을 뽑거나 새로 뽑아 훈련을 시켜야 하고, 그 자리에서 일하는 사람들은 조직이 목표로 하는 일을 해내야 한다. 규모가 크지 않은 회사의 경우에는 업무의 경계가 모호할 수도 있는데, 이런 경우 한 사람이 다양한 업무를 전천후로 해내는 것 자체가 그 조직에서 해내야 하는 일이 될 수도 있다.

또한 같은 이름으로 불리는 일이라고 해도 해당 조직이 속한 업종이나 사업 영역에 따라 완전히 다른 업무가 요구되기도 한다. 직무는 단순한 상상력만으로는 정확한 탐색이 어렵다. 보통 업무 적합도와 관련해서 고민하는 경우, 자신이 예상했던 업무와 실제로 해야 하는 업무가 달라 실망하는 사례가 대다수이다. 하지만 많은 경우, 예측을 하는 것 자체가 문제를 불러일으킬 때가 많다. 드라마 속 주인공의 모습을 통해 직업을 간접 경험하거나 직무 기술서에 적힌 몇 줄의 문장으로 업무를 다각도로 이해한다는 것은 애초부터 어불성설이다.

만일 업무 전환을 꿈꾸고 있다면 6개월에서 1년 정도의 기간을 두고 전환을 희망하는 업무와 관련된 지식과 경험을 습득하는 것이 중요하다. A라는 일을 하던 사람이 갑자기 B라는 일을 하는 사람으로 자신을 바꾸는 것은 생각보다 쉽지 않다. 물론 방법은 존재한다.

첫째, A와 B라는 업무 사이에 '스스로가 할 수 있는' 경험과 공부를 통해서 중간 다리를 놓는 작업을 꾸준히 하는 것이다. B와 관련된 지식과 정보를 스스로 습득하기 위해서 퇴근 후에 별도의 공부를 한다거나 동호회나 클럽에 가입할 수도 있다. 혹은 관련된 자격증을 취득할 수도 있다.

둘째, B와 관련해서 업계에서 큰 영향력을 발휘하고 있는 사람들이 여는 강연회에 참석하는 것도 하나의 방법이다. 이러한 과정을 통해, 내가 알고 있는 B라는 일이 정말 하고 싶고, 도전할 만한 가치가 있는 일인지를 먼저 구체적으로 확인해보는 것이 필수적이다.

셋째, 앞의 과정을 어느 정도 마무리해서 B라는 일에 대한 확신이 들었다면 주변 사람들에게 자신이 새로운 일을 알아보고 있다고 적극적으로 홍보할 필요가 있다. 어떤 일이든 B라는 일과 관련이 있다면 자진해서 일을 맡아보고 싶다고 널리 알리는 것이다. 이와 같이 점진적인 확장과 도전이 더해지면, 원하는 업무로 전환하는 길은 분명히 있을 것이다.

Q. 지금 하는 업무는 무엇인가? 그 업무가 적성에 잘 맞는가? 혹시 기대하고 있었던 업무와 실제로 하는 업무 사이의 차이로 고민하고 있지는 않은가? 그렇다면 어떻게 업무의 전환을 이끌어낼 것인가?

보상_ 제가 그것밖에 안 되나요?

[돈 때문에 일한 건 아니지만, 이건 아니죠]

지연 씨는 스타트업의 초창기 멤버였다. 정말 아무것도 없는 상태에서, 해낼 수 있다는 믿음 하나만으로 대표를 도와 회사를 이끌었다. 초반에는 돈을 전혀 벌지 못했기 때문에, 당연히 급여도 낮을 수밖에 없었다. 하지만 언젠가 회사가 성장하면 챙겨주겠지 하는 믿음으로 군소리 없이 달려왔다. 창업 3년 차에 접어들자, 그때부터 회사의 매출이 높아지기 시작했다. 그 누구보다 열심히 일했던 지연 씨였기에 그녀는 자연스레 성과급을 기대했다. 누가 봐도 회사가 자리를 잡는 데에 지연 씨가 세운 공이 컸다.

그런데 회사는 이듬해, 지연 씨보다 연배가 높은 이사급을 회사에 입사시켰다. 대표는 회사의 더 큰 성장을 위해 필요한 사람이라고 지연 씨를 설득했다. 문제는 외부에서 데려온 이사의 연봉을 맞춰주기 위해 지연 씨 몫으로 약속되었던 연봉과 보상이 지켜지지 못했다는 사실이다. 심지어 대표는 지연 씨에게 자신이 언제 그런 약속을 했느냐며 눈만 껌뻑거렸다. 불공평한 대우에 대한 억울함을 넘어서 지연 씨는 깊은 배신감에 화가 치밀었다. 돈을 떠나서 자신이 이 회사에 더이상 필요 없는 존재가 된 듯했다. 한동안 밤잠을 못 이루며 진정제로 울화를 달래던 지연 씨는 대표와 한바탕 싸운 후 회사를 박차고 나왔다.

[저 사람이, 나보다 훨씬 많이 받고 다닌단 말이야?]

공대 출신인 인성 씨는 대학 재학 시절부터 졸업 후 몇 년간 변리사 시험에 도전했다. 그러나 몇 번의 실패 후 전공을 살려 대기업 연구소에 입사하는 길을 선택했다. 입사 후에도 인성 씨의 도전은 멈추지 않았다. 인성 씨는 오랜 공부 끝에 변리사 시험에 합격하여 자격증을 취득했다. 인성 씨는 연구소에서 일했던 경력을 살려서 특허와 관련한 일을 하는 회사로 이직했다.

그런데 이직 후, 자신의 연봉이 함께 일하는 다른 구성원들보다 낮다는 것을 알게 되었다. 지금의 회사에 입사하고 싶은 마음이 너무나 간절해서 연봉 협상을 할 때 그 어떤 코멘트도 하지 않았던 자신이 떠올랐다. 인성 씨는 최근 자신에게 쏟아지는 일들을 보며, 딱 돈 받는 만큼만 일하고 싶은 마음이 생겼다. 그래서 예전과는 다르게 일을 밀어내곤 한다. 스스로도 자신의 그런 태도가 썩 마음에 들진 않지만, 훨씬 많은 연봉을 받으면서도 덜 일하는 동료들을 보면 더욱 철저하게 돈을 받는 만큼만 일하겠다는 생각이 강해진다.

[통장 잔액을 보니 한숨만…]

회사에서 일하다가 몇 년 전 프리랜서 강사로 진로를 바꾼 성민 씨는 청소년을 대상으로 하는 진로 교육을 전문적으로 하고 있다. 성민 씨는 아이들의 꿈을 찾아주는 이 일을 하는 것이 너무나 행복하다. 그래서 성민 씨를 찾는 곳이 있다면 깊은 사명감을 갖고 전국 어디든지 달려가 아이들을 만난다. 한 가지 고민이 있다면 성민 씨가 프리랜서로 벌어들이는 수입이 매달 일정하지 않다는 사실이다. 얼마 전까지 결혼 이야기가 오가던 연인과 이별하게 된 까닭도 그녀의 부모님이 직업도 확실하지 않은 사람에게 내 딸을 시집보낼 수 없다며 극심하게 반대하셨기 때문이다.

어떤 달에는 출장비를 제하고 나면 통장에 남는 돈이 없을 때도 있다. 집에서 일하면 집중이 잘 되지 않아서 카페를 전전하지만, 이제는 커피 값도 부담된다. 대기업에 다니는 친구들은 차도 있고 해외여행도 자주 나가는 것 같은데, 프리랜서 강사로 일하고 나서부터는 그런 것들은 아예 엄두도 내지 못한다. 아이들을 만나 강의를 하고 나면 엔도르핀이 돌아 훨훨 나는 듯 즐겁지만, 현실로 돌아와 다시 강의가 잡히기를 기다리는 그 시간을 견디는 것이 고통스럽다. 의미도 있고 행복하지만, 경제적으로 어려운 이 일을 어떻게 계속해나갈 수 있을지 고민이다.

여덟 번째는 보상이다. 여기에서 정의하는 보상이란 일과 관련된 금전적·사회적 지급을 일컫는다. 보상은 외부의 결정과 환경에 의해 주어진다. 보상에는 연봉을 비롯해 보너스, 승진, 성과급 등이 포함된다. 설령 앞서 언급한 다른 요인들로부터 일의 재미와 의미를 느끼더라도 그에 상응하는 대가가 주어지지 않는다면, 일에 대한 매력과 동기를 지속해나가기가 어렵다. 결국 일은 생계유지의 수단이 되어야 하는 현실을 간과할 수 없기 때문이다.

또한 보상은 인정의 물리적 대가이므로, 보상이 충분하지 않다고 느낀다면 인정 욕구에 상처를 입는다. 이런 경향은 일반적으로 전혀 보상이 없는 상황보다, 어느 정도 보상이 가능한 환경에서 더욱 더 강하게 작동된다. 충분히 보상받을 수 있는 상황임에도 불구하고, 자신에게 보상이 주어지지 않는다는 생각이 들면 상대적 박탈감이 커지기 때문이다. 지연 씨는 스타트업 초창기 멤버로서 돈을 거의 벌지 못했지만 열심히 일했다. 물론 시간이 지남에 따라 그녀가 받을 수 있는 급여는 전보다 높아졌다. 그러나 지연 씨는 자신이 회사의 성장에 기여한 바를 더 높은 연봉과 그 밖의 보상으로 인정받고 싶었다. 이는 자신의 존재에 대한 강한 인정 욕구이기도 하다.

한편, 보상은 주변 사람들이 받는 수준에 상대적인 영향을 받는다. 사실 인성 씨는 전 직장보다 더 많은 연봉을 받고 일하는 중이다. 그런데 지금 함께 일하는 사람들에 비해서는 인성 씨의 연봉이 상대적으로 낮다. 인성 씨도 주변 동료의 연봉을 몰랐을 때는 즐겁게 만족하며 일했다. 하지만 상대적으로 자신이 낮은 보상을 받고 있다고 인식한 순간, 일과 회사에 대한 태도가 바뀌게 된 것이다.

그렇다면 공평한 보상을 받기 위해서 우리는 어떠한 노력을 기울여야 할까? 공평한 보상을 요구할 만한 다양한 자료와 정보를 늘 적극적으로 스크랩해놓아야 한다. 보상을 올려달라는 쪽과 그럴 수 없다는 쪽과의 공방에서 가장 중요한 핵심은, 얼마나 객관적인 자료를 기반으로 자신의 의견을 개진할 수 있는가이다. 단순히 '때가 되었으니까' 혹은 '최선을 다했고, 열심히 했으니까'라는 모호한 말로는 보상의 공정성을 보장받을 수 없다. 스스로가 어떻게 비즈니스에 기여했는지를 데이터와 자료로 보여주고, 그것에 합당한 범위를 먼저 정리해보는 작업이 중요하다. 보상에 관련된 협상에서 어느 정도로 자신이 생각한 보상의 범위를 보여줄지는 자신이 공헌한 정도와 전문성에 따라 다를 테지만, 보상을 논할 때는 객관적인 근거와 자신감 있는 태도로 보상의 구체적인 내용을 상의하는 것이 좋다.

정당한 보상을 요구하고 이를 위해 노력하는 것은 근육을 키우는 일과 같다. 밥만 잘 먹는다고 해서 근육이 자동으로 키워지지 않듯이, 일만 잘한다고 해서 그에 상응하는 보상이 저절로 주어지지 않는다. 기본적으로 식사를 잘하고, 거기에 더해 시간을 내서 근력운동을 해야만 몸에 근육이 붙듯이, 자신에게 주어진 일을 성실히 함과 동시에 보상에 대한 밑그림을 함께 그려야만 한다. 공정하고 공평한 보상은 동료나 상사, 또는 조직이 해주는 것이 아니라 스스로가 요구해야 하는 개인적인 과제이기 때문이다.

Q. 요즘 당신이 일에서 재미를 느끼지 못하는 이유가 어쩌면 일 자체에 대한 문제라기보다는 보상에 있어 공평하지 않다고 느끼기 때문은 아닌가? 적정한 보상을 받기 위해서 당신은 어떤 자료를 스크랩하고 준비할 수 있는가?

조직 문화_
내가 문제일까? 회사가 문제일까?

[네일 아트가 금지라고요?]

얼마 전 제조업 기반의 중소기업 경리팀으로 이직한 현아 씨는 인사
과로부터 이런 가이드를 받았다. "현아 씨! 손톱에 네일 아트 하는 거
말이에요. 그거 대표님이 안 좋아하세요. 안 하는 게 좋을 거예요."
현아 씨는 황당했다. 회색 점퍼를 입고 일하는 것까지는 이해했다.
제조업 회사인 데다, 회사의 오래된 전통이라고 하니 옷 위에 점퍼
하나 더 걸치는 것은 어려운 일이 아니었다. 그런데 손톱 하나 내 마
음대로 꾸미지 못한다니 이 상황을 어떻게 받아들여야 할지 현아 씨
는 난감했다. 현아 씨는 인사과의 조언을 무시하고 자신의 개성을 담
은 네일 아트를 계속 고집했다.
그런데 어느 날, 대표가 직원들이 일하는 사무실을 둘러보다가 현아
씨의 자리에서 발길을 멈추더니, 아무런 말도 없이 손에 쥐고 있던

막대기로 현아 씨의 손톱을 딱딱 치고 지나갔다. 마치 고등학교 때 학생주임 선생님이 하던 행동 같았다. 그날 현아 씨는 이런 조직 문화 속에서 오래 일하기는 어렵겠다고 느꼈다.

[마음 편하게 일하는 게 최고죠]

강우 씨는 대형 제약회사에서 영업직으로 일했다. 강우 씨가 근무하는 회사에서는 개인 단위가 아닌 팀 단위로 실적 관리를 했다. 즉, 팀원 중 한 사람의 실적이 나쁘면 다른 사람들이 부족한 부분을 채워야 했다. 자연스럽게 실적이 나쁜 사람은 다른 팀원들의 눈치를 볼 수밖에 없었다. 게다가 실적이 좋아도 모두 인센티브를 많이 가져가기 때문에 같은 팀원이라도 시기를 할 뿐 기뻐해주지는 않았다. 팀 단위로 목표를 설정해준다고 해도 팀원들끼리 결속되기보다는 서로 경쟁하고 질투했다. 조직 문화 자체가 아주 오래전부터 매우 경쟁적이어야 살아남을 수 있는 보상 제도와 시스템으로 이루어져 있었고, 리더도 그것을 강조했다. 열심히 일하면 충분히 보상해주는 회사에 만족하는 동료들도 많았다. 그들은 강남에 아파트를 사고 고급 승용차를 타고 다니며 자신의 성공을 당연한 듯 누렸다.

문제는 강우 씨가 이처럼 경쟁적인 조직 문화에 적응하지 못하는 성향의 사람이라는 점이었다. 강우 씨는 어린 시절부터 승부를 겨루는 스포츠를 좋아하지 않을 만큼, 경쟁을 싫어했다. 그런 그에게 지금의 조직 문화는 매우 큰 스트레스였다. 강우 씨는 결국 얼마 전, 고향 부산에 있는 중소 제약 유통사로 이직했다. 이전 직장에 비해 연봉과 복지 등 많은 부분이 못 미쳤지만, 강우 씨는 지금의 회사가 훨씬 더 마음이 편하다고 했다.

[직장에서 욕을 하다니!]

여행사의 발권팀으로 이직한 세영 씨는 출근한 날부터 매일이 충격의 연속이다. 이유는 팀장, 직원들 할 것 없이 모두가 욕을 입에 달고 살기 때문이다. 평생 살면서 욕을 할 일도, 들을 일도 별로 없었던 세영 씨는 정말 어처구니가 없었다. 어떻게 직장에서 다들 이렇게 아무렇지도 않게 욕을 한단 말인가? 시작은 아침 출근 직후부터이다. 팀장은 직원들이 일 처리를 못하면 못하는 대로, 잘하면 잘하는 대로 욕을 던졌다. 두서없이 욕을 하는 것은 직원들도 마찬가지였다. 고객과 통화를 하며 기분 나쁜 일이 벌어지면, 통화를 마치고 나서 혼자 수화기에 대고 이미 전화를 끊은 고객을 향해 욕을 지껄였다. 마치 아침에 팀장에게서 들은 욕을 화풀이하듯 쏟아내는 것 같았다.

세영 씨는 지금까지 세 군데의 직장에서 일했지만, 이렇게 욕설이 난무하는 사무실은 예상치 못한 문화 충격으로 다가왔다. 그러나 팀의 실적이 워낙 좋다 보니 윗선이나 인사과에서도 이런 문화에 대해 묵인하는 듯 보였다. 상사나 동료들이 세영 씨에게 직접 욕을 해대는 것은 아니었지만, 하루 종일 부정적인 기운을 받고 집에 돌아오면 정신이 혼미해지곤 했다.

일에 영향을 미치는 아홉 번째 요인은 조직 문화이다. 조직 문화는 구성원들의 가치관과 신념, 그리고 원칙들의 총합을 나타내는 것으로 조직의 역사, 제품, 시장, 기술, 전략, 구성원들의 성격, 대표의 경영 스타일, 그리고 소속 국가의 문화적인 요소들의 영향을 받는다. 조직 문화란 이렇듯 복합적인 요소로 이루어져 있기 때문에, 입사 전에는 정확하게 파악하기가 쉽지 않다. 겉으로 보았을 때에는 자유분방해 보이는 기업이라고 할지라도 막상 일을 해보면 생각보다 규율이 엄격할 수도 있다. 반대로 외부에서는 딱딱한 조직 문화를 갖고 있다고 평가받는 기업도 실제로 일을 해보면 합리적인 조직 문화를 갖고 있을 수도 있다. 조직 문화와 개인이 잘 맞으면 조직과 개인 모두가 시너지를 발휘할 수 있지만, 그렇지 않을 경우, 조직도 개인도 서로에게 마이너스가 될 수 있다.

조직 문화는 해당 조직을 경영하는 리더의 영향을 많이 받는다. 현아 씨가 다니는 회사는 옷차림의 단정함이 업무 태도와 생산성에 미치는 영향을 중요하게 생각하여 조직 차원에서 대표가 자신의 철학을 설파하고 영향을 미치는 대표적인 예이다. 작은 기업일수록 리더의 가치와 조직에 대한 생각이 고스란히 조직 문화로 자리 잡기도 한다.

강우 씨의 사례는 회사의 매출 증대를 위해 만들어놓은 경쟁적인 시스템을 조직 구성원들이 더욱 최적화하고 강화시켜온 조직 문화를 힘들어한 경우이다. 조직이 직원들에게 경쟁적 행동을 강요하지는 않았겠지만, 강력한 인센티브를 통해 외적 동기를 주어 자연스럽게 구성원들의 태도와 행동에 영향을 미친 사례이다.

세영 씨 회사의 조직 문화는 누가 보아도 문제가 있어 보인다. 조직을 관리해야 하는 윗선에서 욕을 하는 환경을 용인하는 것은 옳지 않다. 이처럼 상식적으로 이해되지 않는 조직 문화 안에서 개인은 상처받거나 망가지기도 하는데, 이 역시 해당 조직에 있는 사람들이 직접 만들어놓은 풍토라는 점이 아이러니하다.

물론 이상적인 조직 문화도 존재한다. 수평적 소통이 가능하고, 출퇴근 시간을 비롯해 의사결정의 영역이 자유롭고, 각종 매거진과 책에도 소개될 만한 조직 문화를 가진 회사들도 적지 않다. 그러나 아무리 남들이 선호하고 좋은 문화를 가졌다고 하더라도, 그곳의 조직 문화가 나와 맞지 않으면 안타깝게도 별 의미가 없다. 후배 중에 매년 조직 문화 진단이나 행복지수 평가 등을 연구하는 세계적인 글로벌 기업에 다니는 친구가 있었다. 후배의 말에 따르면 자신이 다니고 있는 회사의 기업 문화가 좋기는 하지만, 자신과는 맞지 않다고 했다. 자신은 위아래가 분명하고 효율적인 의사소통이 훨씬 편하고 좋은데, 재직 중인 회사는 모든 의사결정에 너무 많은 사람들이 참여하는 경향이 있고, 그로 인해 비효율적인 논의가 많다는 것이다. 즉, 좋은 조직 문화와 나쁜 조직 문화를 구분하기보다 해당 조직의 문화와 자신의 기질 사이의 궁합을 살펴보는 것이 중요할 것이다.

Q. 지금 일하는 곳의 조직 문화와 나 사이의 적합도는 어느 정도인가? 만족스러운 부분이 있다면 무엇이고, 아쉬운 부분이 있다면 어떤 이유 때문인가?

환경_ 이렇게는 못 살겠습니다

[재택근무가 가능할 줄이야]

재덕 씨는 조직 문화가 보수적인 외국계 금융회사에서 일한다. 2020년 초 코로나19로 전 세계가 비상에 걸리면서, 재택근무 체제로 모든 업무환경이 변동되었다. 몇 주 하다가 그만둘 줄 알았는데, 회사 차원에서 재택근무 체제로 일하는 것이 가능하다고 여겼는지 상황이 조금 진정된 후에도 격주 단위로 재택근무를 실시하고 있다. 왕복 2시간 반을 출퇴근 시간에 할애하던 재덕 씨는 일단 재택근무 시스템이 너무 반갑다. 주변을 둘러보니, IT회사를 제외하고 재덕 씨와 같은 금융사에서는 이렇게 적극적으로 원격근무를 도입한 곳이 드물다. 작년 말, 이직을 심각하게 고민했었는데 막상 코로나 상황이 닥치고 회사가 민첩하게 워크스타일을 구축해나가는 모습을 보니 회사에 대한 믿음이 생긴다. 그리고 재택근무지만, 직장에서 하루 종일 일했을 때

보다 사실 훨씬 많은 일을 해내고 있다. 일의 본질에 집중할 수 있고, 주변 사람들의 시선이나 사소한 관계에서 소비하는 심리적 에너지를 신경 쓰지 않아도 되니 재덕 씨 성향과도 잘 맞다.

[겉만 번지르르하면 다인가요?]

대기업 백화점으로 입사한 은희 씨는 도무지 상상이 가지 않는 근무 여건으로 괴로워했다. 고객 동선 쪽은 아름답고 깨끗한 매장이지만, 직원들이 일하는 소위 후방이라는 공간의 답답하고 불쾌한 환경은 그녀를 너무 괴롭게 했다. 게다가 은희 씨가 일하는 백화점은 곧 폐점하고 리뉴얼할 계획이라, 노후화된 환경을 보수하거나 개선하지 않는 것에 대해서 모두 암묵적으로 동의하고 있었다. 아무리 그렇다고 해도, 정장을 입고 구두를 신은 은희 씨가 일할 사무공간에 책상과 의자조차 없다는 것은 상식적으로 말이 되지 않았다. 컴퓨터를 써야 할 때도 후방의 박스를 적재해둔 공간 근처에서 박스를 지지대 삼아 서서 사용해야 해서, 매일 발가락이 부르트고 진물이 났다. 그런 환경에서 고생스럽게 일하는 것을 마음 아파할까 봐 가족에게는 말조차 꺼내지 못했고, 친구들은 '대기업에 입사까지 했는데 설마' 하고 도무지 믿어주지도 않을 것 같았다. 유일하게 입사 동기 몇 명에게 고충을 토로했지만, 다른 점포에서 일하는 입사 동기들조차 자신이 발령받지 않은 것을 안도하는 얼굴이지 진심으로 공감해주지 않는 듯했다. 조금만 견디면 모든 것이 리뉴얼되면서 환경이 바뀌리라는 것을 모르지 않지만, 이미 그녀의 마음이 회사를 떠났다.

[창문이 뭐길래]

디자인 회사에서 일하는 미정 씨는 여름, 겨울이 두렵다. 미정 씨가 일하는 사무실 공간은 좁은데, 사람이 많아 인구밀도가 높은 편이다. 그래서 하루에도 몇 번씩 창문 환기를 시켜주지 않으면 사무실에서 탁한 냄새가 올라온다. 그래서 창문 옆자리에 앉은 사람은 그동안 센스 있게 창문을 여닫으며, 사무실의 쾌적한 공기를 책임지는 역할을 해왔다. 그런데 그 자리를 출산휴가 간 과장님 대신에 부장님이 차지하게 되었다. 사실 그 자리는 사무실의 상석이었던 터라, 부장님이 늘 눈독을 들이던 공간이기도 했다. 문제는 부장님은 절대로 문을 여닫는 역할을 해주지 않는다는 것이다. 요청해도 들어주지 않을뿐더러, 누군가가 열어두면 닫기 바빴다. 겨울에는 너무 춥다고 절대 열지 않았고, 여름에는 너무 더워서 열기가 들어온다는 것이다. 답답한 냄새와 텁텁한 공기에 직원들이 몇 번 요청해도, 너무 예민하게 구는 것이 아니냐는 타박을 줄 뿐, 그는 움직이지 않았다. 그 창문 하나로, 사무실 분위기가 급격히 나빠졌다. 에어컨 온도에도 서로 예민하게 굴었고, 사무실 내에서 먹는 간식도 냄새가 빠져나가지 않는다고 눈치를 주었다. 하루는 미정 씨가 사무실 직원을 대표하여 총대를 메고 창문 환기의 중요성을 설명하고 진지하게 읍소했다. 부장님은 조금 놀라며, 노력해보겠다고 했으나 며칠 가지는 않았다.

마지막 요인은 환경이다. 여기서 환경이란 일터를 둘러싼 물리적 환경을 이야기한다. 집에서 일터까지의 거리가 너무 멀거나 혹은 일터의 환경이 너무 위험하거나 소음이 있거나, 좁아서 불편함을 느낀 적이 있는가? 가족과 멀리 떨어져서 지내야 하거나 하루에 몇 시간을 도로에서 보내야 하는 조건이 포함되어 있다면 일에 대한 만족감이 커지기 어려울 것이다.

꽤 오래전부터 많은 회사가 근무환경의 중요성을 깨닫고 인테리어나 근무 여건에도 많은 투자를 하고 있다. 사옥이 없는 작은 회사라 하더라도, 최근에는 훌륭한 인테리어를 갖춘 공유 오피스를 활용해 근무 여건을 높이려는 시도도 활발히 이루어지고 있다. 사람을 둘러싼 환경은 인간의 사고방식과 창의성에 실제로 영향을 미치고, 이는 일의 생산성과도 연결된다. 실제로 아이를 키우는 여성 직장인을 인터뷰해보면, 출퇴근 거리와 근무시간에 대한 환경적 요인이 우선순위의 대부분을 차지한다. 다른 요인이 만족스럽지 않다고 하더라도, 출퇴근 조건과 거리가 만족스러우면 일을 지속할 수 있다는 대답도 있었다.

그런데 인간은 환경과 관련해서는 비교적 빠른 시간 내 적응하는 심리적 기제를 지니고 있다. 힘들거나 어려운 환경도 그것이 지속되면 처음 경험하는 고통만큼 힘들지 않고, 그러한 상황에 적응하게 된다. 은희 씨의 경우 신입사원으로 겪게 되는 환경에 크게 당황했지만, 함께 일하고 있는 선배들은 담담하게 그 환경 안에서 각자의 일을 하고 있었다. 또한 긍정 심리학자 소냐 류보머스키 Sonja Lyubomirsky는 좋은 것에 적응하는 기재를 쾌락 적응이라고 이름 지었다. 일터의 환경에 대입해 설명해본다면 아무리 좋은 환경과 분위기, 근무 여건을 가지고 있어도 그 역시 시간이 지나면 당연하게 생각한다는 것이다.

또한 코로나19로 인한 전염병의 세계적 창궐로, 재덕 씨의 사례에서처럼 원격으로 일하는 신개념 근무 환경에 대한 도입도 가속화되었다. 전염병으로 인해 사람 간 접촉에 대한 통제가 강해지는 사회에서 '환경'의 범위는 물리적 공간 구성의 좋고 나쁨을 매기는 프레임을 벗어날 가능성이 높다. 코로나 이후, 이제 일터의 환경 요인 안에 대면과 비대면의 조건을 새롭게 추가해야 할 때가 왔다. 원격근무 혹은 재택근무의 조건들이 지금보다 더욱 진화될 수 있으며, 그에 맞추어 긴 통근시간과 같은 어려움들이 해소될 가능성도 있다. 이렇게 일에 있어서 영향을 미치는 환경적 요인은 사회, 문화, 정치, 보건 등의 영향을 받으며 시간과 또 다른 변수를 통해서 해결되거나 또는 적응될 수 있는 가변적 속성을 지닌다.

Q. 지금 당신이 처한 일의 환경은 어떠한가? 환경적으로 만족스럽거나 불편한 점은 없는가? 자신에게 맞는 업무 환경이란 어떤 모습이며, 그것을 어떻게 만들어갈 수 있는가?

10가지 일의 우선순위 점검

앞에서 언급한 다양한 에피소드와 그에 곁들어진 질문들을 통해서 현재 자신의 일을 둘러싼 상황을 비추어볼 수 있었는가? 당신은 일을 하면서 주로 어떤 요인에 의해 길을 잃었던 것 같은가? 어쩌면 매번 같은 요인이 문제를 일으켰는데, 다른 요인들과 뒤섞여 있어서 문제의 원인을 제대로 파악하지 못했던 것은 아닌가?

일을 하면서 앞의 10가지 요인을 골고루 만족하는 경우는 극히 드물다. 모든 요인에 대해서 만족감이 아주 높다고 해도 그것을 오랫동안 지속하는 것은 어려운 일이다. 10가지 조건 중에 3개의 요인에서만 높은 만족감을 느끼고 있고, 나머지 7개의 요인에서는 그렇지 않다면 우리는 '별 볼 일 없고, 만족감이 낮은 일을 한다'라고 자신을 평가할 수 있을까? 절대 그렇지 않다. 우리의 만족감은 상대적이고 가변적이며 또한 '우선순위'를 가지고 있다. 상대방의 모든 조건이 완벽하기 때문에 사랑에 빠지는 것이 아니듯, 나에게 가장 중요한 단 하나의 요인에서 강력한 만족감을 느낀다면 나머지 9가지 요인의 점수가 조금 낮더라도 그 일을 충분히 즐겁게 할 수 있다.

이렇듯 사람마다 일에 있어서 중요하게 생각하는 우선순위가 다르다는 사실을 인지하고, 자신이 가장 중요하게 생각하는 우선순위가 무엇인지 파악하는 것은 일을 해나가면서 길을 헤매지 않기 위해 무척이나 중요하다. 실제로 많은 사람들이 직관적으로 자신이 일에 있어서 중요하게 생각하는 요소와 현실에서의 만족도 사이에 격차가 있을 때, 무엇인가 잘못되어 가고 있는 것은 아닌가 하는 불편함을 느끼기 시작한다. 설령 다른 요인은 충분히 만족한다고 하더라도, 자신이 중요하다고 생각하는 요인이 결정적으로 충족되지 않았을 때, 끊임없이 내적 갈등을 겪게 된다.

그러므로 나의 일에 영향을 미치는 핵심 요인을 반드시 알아야만 현재 하는 일에서도, 앞으로 만나게 될 일에서도 스스로가 만족할 수 있는 방향으로 나의 일을 디자인해나갈 수 있다. 지금부터는 일에 영향을 주는 10가지 요인에 스스로 점수를 매기고, 자신의 우선순위를 살펴보도록 하자. 질문을 던질 때는 타인의 시선은 신경 쓰지 말고, 오롯이 나의 관점에서 일에 영향을 주는 요인을 솔직하게 생각해보자.

▌일에 영향을 주는 요인

No.	10가지 요인	연관 질문	현재 수준 (1~10점)	우선순위 (1~10위)
1	역량	지금 하고 있는 일이 너무 쉽거나 또는 너무 어렵다고 생각하지는 않는가?		
2	재미	나는 일에서 어느 정도 재미를 느끼고 있는가?		
3	의미	나는 일에서 어느 정도 의미를 느끼고 있는가?		
4	관계	일로 만나는 사람들과의 관계는 어떠한가?		
5	인정	나는 일로 사람들(조직)에게서 어느 정도 인정받고 있는가?		
6	비전	지금 하고 있는 일에 비전을 찾을 수 있는가?		
7	업무	지금 하고 있는 업무(포지션)가 나에게 적합하다고 생각하는가?		
8	보상	일로 적합한 보상(외적)을 받고 있다고 생각하는가?		
9	조직 문화	지금 속한 조직의 문화와 나의 기질은 어느 정도 적합한가?		
10	환경	업무 환경(출퇴근 거리, 근무 시간 등)은 어떠한가?		

위의 표에 적힌 질문들을 잘 읽고, 각 요인들을 잘 평가한 뒤 1~10점 사이의 점수를 매겨보자. 또한 10가지 요인들 중 자신이 가장 중요하게 생각하는 요인부터 순서를 정해 1~10까지 숫자를 매겨보자. 이 표의 내용은 언제든 변동될 수 있다. 오늘의 시점에서 스스로가 매겨보는 매우 주관적인 척도이므로, 직관적으로 점검하는 편이 좋다. 지금 세운 우선순위가 몇 달 후, 몇 년 뒤에는 달라질 수 있으므로 정기적으로 위의 표를 작성해본다. 일에 대한 고민이

생길 때마다 표를 확인해보며 자신의 우선순위에서 꾸준히 변하지 않고 상위를 차지하는 요인이 무엇인지 확인해볼 것을 권한다.

점검표를 살펴보면, 현재 일에 대해 느끼는 막연하게 좋고 싫은 감정의 이유를 확인할 수 있다. '나는 관계가 만족스러워야 일에 있어서 안정감을 느끼는구나!', '나는 의미에 대한 우선순위가 높은 사람인데, 지금 채워지지 않고 있구나. 지금 하고 있는 일에서 의미를 찾으려면 어떻게 해야 할까?'와 같이 나의 일에 영향을 주는 요인을 인지할 수 있다면 어떻게 노력을 하면 되는지에 관한 방향성이 생기게 된다. 한 발짝 더 나아가, 일로 만나는 타인에 대한 이해의 폭도 높아질 수 있다. 내가 일에 있어서 중요하게 생각하는 요인이 있는 만큼, 다른 사람도 그 사람 나름대로 일에 대한 우선순위가 있음을 이해하게 되면, 일을 하며 발생하는 여러 갈등의 원인을 정확하게 깨닫고 해결할 수 있게 된다.

또한 이 점검표는 현재 일에 영향을 미치는 요인들 사이의 우선순위 비교를 통해 어떠한 변화를 만들어가는 편이 더 이성적이고 안정적인지를 알아보는 도구로도 쓰일 수 있다. 직장과 직업을 바꾸려고 마음먹었을 때 혹시 변화시키려고 하는 그 요소가 사실 우선순위의 하단에 있는 것이라면 어떻게 해야 할까? 승진(보상)이 되지 않아 불만이 생겨서 이직을 알아보는 중이지만, 사실 일의 재미와 비전, 그리고 관계까지 모두 다 만족스러운 상황이라면? 그런데 알고 보니 내가 일을 할 때 가장 중요하게 생각하는 우선순위가 재미와 비전이었다면? 어쩌면 굳이 이직을 하지 않아도 될지 모른다. 이렇게 10개의 관점에서 다양한 질문을 던지다 보면, 일과 자신과의 관계를 더 구체적으로 설명할 수 있다.

어떤 문제에 봉착했을 때, 답을 구하지 못해서 오랜 시간 괴로워했던 기억이 누구에게나 있을 것이다. 이럴 때 답을 구하는 것만큼이나 중요하게 체크해봐야 할 점은, 올바른 답을 얻기 위해서 내가 '옳은 질문'을 하고 있는지 여부이다. 일을 둘러싼 문제를 앞에 두고 '답이 없다, 너무 복잡하다, 엉켜 있다'라고만 생각하며 더 이상 나아가지 못하는 경우를 많이 보아왔다. 사실 이럴 때 돌파구는 내가 그동안 던진 질문을 다시 들여다보는 데 있다. 내가 던지는 질문이 나를 새로운 생각으로 이끌게 하는 질문인지, 해결책을 위한 질문인지, 더 나은 미래를 위해 노력하게 만드는 질문인지가 중요하다. 그렇기 때문에 앞서 소개한, 일에 영향을 미치는 10가지 요인들 중에서 어떤 요인이 자신을 가장 힘들게 하는지, 어떤 요인이 자신감을 가져다주는지 곰곰이 생각해볼 필요가 있다. 질문을 바꿀 수 있을 때, 비로소 답도 바꿀 수 있다.

이제 '현재 내 일의 앞모습과 뒷모습'에 대해서 어느 정도 파악이 되었으면, 이번에는 새로운 영역으로의 탐험을 떠나보자. Part 2에서는 본격적으로 일을 변환시키는 작업인 워크디자인의 방법을 하나씩 배워보고, 그 기술들을 연마해볼 것이다.

'**워크디자인**'의 프로세스는 길고 복잡할 수 있지만, 충분히 매력적이고 놀라움이 가득한 과정이다. 배낭을 메고 낯선 곳으로 처음 여행을 떠날 때의 마음가짐을 떠올려보자. 눈과 귀를 활짝 열고 새로운 모든 관습과 문화, 사고를 전부 나의 것으로 받아들이겠다고 다짐해보는 것이다. 이제 본격적으로 워크디자인의 세계로 떠나보자.

'과연 언제까지 직장 생활을 할 수 있을까?' 친구들과 만나 이야기를 하다 보면 끝내 이 질문에 다다르게 된다. 그때마다 쉽게 대답하지 못하는 까닭은, 지금의 일을 오랫동안 하고 싶은 마음과 당장이라도 때려치우고 싶은 마음이 묘하게 공존하기 때문이다. '남아 있는 것이 현명한가, 탈출하는 것이 현명한가?' 이 두 가지 선택지 사이에서 왔다 갔다 할 때쯤, 누군가가 이렇게 이야기한다. "직장 생활을 할 수 있는 데까지 즐겁게 하다가, 결국에는 '내 것, 나만의 것'을 하고 싶어." 그래, 맞다. 나도 그런 선택지가 있었다면 거기에 동그라미를 쳤을 것이다.

직장 생활에서 얻는 소속감이나 안정감 같은 것들을 충분히 누리다가 '준비'가 되었을 때, 기분 좋게 작별을 하는 것! 그런데 그렇게 할 수 있으려면 지금 당장 무엇을 해야만 할까? 이직 준비도 아니고, 퇴직 준비도 아니고, 과연 '내 것'이라는 것이 무엇인지 어디에서부터 어떻게 정의를 내려야 할까?
Part 2에서는 일에서 '내 것, 나만의 것'을 창조하고 실험하는 방법에 대해서 소개하고자 한다. 지금 하고 있는 일에서 어딘가 불만족스러움을 느꼈지만, 그저 모른 척하며 살아왔는가? 그렇다면 이번 기회에 마음을 단단히 먹고 그 불편함을 심도 있게 파헤쳐보자. 그리하여 보다더 적극적으로 나만의 일을 창조할 수 있는 방법을 살펴보자. 스스로가 내 일의 주인이 되어 일의 다양한 영역을 컨트롤해보자. 여기에서 한 발 더 나아가 내 일의 가치를 스스로 매겨보도록 하자.
여기서는 '워크디자인'의 방법론과 더불어 자신의 일로서 세상의 변화를 만들어가는 사람들의 이야기를 소개하고자 한다. 이들의 사례를 통해 이 책을 읽는 당신이 자신만의 길을 만들어나갈 수 있는 지혜와 용기, 참신한 아이디어를 얻을 수 있으리라고 생각한다. 우리가 그토록 바랐던 '나만의 일'은 그리 멀지 않은 곳에 있음을 기억하길 바란다.

Part 2

일, 다시 디자인하다

Chapter 03

어떻게 일을 디자인할 것인가?

▼

일을 디자인하는 마음가짐은 자기 인생의 원동력을 스스로 결정하고, 기꺼이 하고 싶어서 하는 자율성을 바탕으로 한다. 일을 디자인하기 전에, 자신의 경험과 경력을 재조명해서 새로운 일을 꾸려나가고 싶은지 스스로에게 먼저 물어보자. 이 질문에 '그렇다'라고 대답했다면, 앞에서 언급한 일에 영향을 미치는 다양한 요인들을 기꺼이 나에게 최적화된 상태로 만들어나갈 준비가 되었다는 뜻이다. 마음의 준비가 되었다면, 이제 워크디자인의 세계로 출발해보자.

자연에서 찾은 워크디자인 4S 프레임

일을 디자인할 때, 우리는 한 가지 사실을 염두에 두고 시작해야한다. 바로, 사람들이 어떻게 서로 협동하면서 세상을 살아가는지에 대한 이해가 필요하다는 점이다. 가만히 주위를 둘러보자. 우리는 서로의 욕구와 욕망을 충족시켜주면서 살아간다. 즉, 자신이 가진 능력을 '교환'하는 과정에서 각자의 역량에 따라 다양한 일들이 만들어진다. 세상의 그 어떤 사람도 자기 안의 다양한 욕구와 욕망을 스스로 완벽하게 충족시키며 살 수 없다. 누군가가 만들어 파는 빵 덕분에 우리는 배고픔을 해결할 수 있고, 택시 운전사 덕분에 목적지에 보다 빠르게 도착할 수 있다. 우리는 누군가가 자신의 재능과 시간, 노력을 들여서 제공하는 서비스를 이용함으로써, 내 안의 욕망과 욕구를 해결한다. 이때 해당 서비스는 무상으로 이용하는 것이 아니라 그에 걸맞은 재화를 지불하게 되는데, 이로써 경제적인 교환 가치가 창출된다. 즉, 우리가 하는 일 또는 일의 결과물은 누군가에게 소비되고 이용될 때, 비로소 그 가치가 빛을 발한다. 내가 못 하는 것을 네가 해주고, 네가 못 하는 것은 내가 해주는 상생의 메커니즘. 이것이 바로 워크디자인의 시작점이다.

따라서 워크디자인을 할 때 던져야 하는 본질적인 질문은 '나는 어떻게 협동하며 살 수 있을까?' 또는 '타인과 세상으로부터 어떻게 인정받으며, 나의 가치를 창조해낼 수 있을까?'로 귀결된다. 다시 말해, 워크디자인은 자신의 고유한 심리적·물질적 자원을 확인해, 그 자원을 가장 유용하게 이용하고 소비해줄 대상을 찾는 것에서 시작한다. 그리고 해당 소비자에게 '나를 기억하게끔 하는 감동 한 스푼'을 더해주는 작업으로 마무리된다. **내가 가진 개성을 최대한 살려, 나를 기억하고 다시 찾아올 수 있도록 선순환의 사이클을 만드는 것이 워크디자인의 핵심이다.** 이렇게 가치 교환 과정에서 얻은 결과물은 재화와 미래의 가능성으로 변환된다.

그렇다면 앞에서 언급한 선순환의 사이클은 어떻게 가능할까? 우리는 그 답을 자연에서 찾았다. 세상의 모든 법칙은 자연으로부터 주어진 것들이다. 인간은 자연의 법칙을 만들지 않았지만, 그 법칙을 탐구하고 이해하며 세상을 더욱 발전시켜왔다. 워크디자인도 같은 맥락에서 이해가 가능하다. 우리는 길 어디에서든 만날 수 있는 한 그루의 나무에 워크디자인의 법칙이 녹아 있음을 발견했다.

계절의 변화를 온몸으로 겪어내면서 매년 끊임없이 새 잎을 틔우고, 꽃을 피우고, 열매를 맺는 나무 말이다. 그 나무가 오랜 세월을 거치면서 단단한 나무로 성장하기까지 어떤 과정을 겪어왔을지 천천히 생각해보자.

지금 주변을 돌아보며, 나무 한 그루를 찾아보자. 내 눈앞에 서 있는 그 나무의 시작은 작은 씨앗이었을 터이다. 이 씨앗은 땅이 비옥해서 잘 자랐을 수도 있고, 척박했지만 살아남은 것일 수도 있다. 씨앗이 묻힌 땅에는 몇 차례의 비가 내렸을 것이며, 어떤 날에는 따뜻한 태양 빛이 내리쪼였을 것이다. 흙과 비, 태양과 바람의 도움을 받아 작은 씨앗은 연약하지만 파릇한 새싹을 틔웠으리라.

그러나 새싹은 작고 연약해, 수많은 위협 속에서 목숨이 위태로운 순간을 맞이하기도 했으리라. 그럼에도 불구하고 끈질긴 생명력으로 줄기는 더욱 단단해지고, 뿌리도 더욱 깊이 내린 채 한 그루의 나무로 성장했을 것이다. 작은 씨앗이 커다란 나무가 되기까지 무척 오랜 시간이 걸렸음은 두말할 것도 없다. 굵고 단단하게 성장한 나무는 이제 세상에 내어줄 것이 많아졌다. 봄에는 흐드러지게 핀 꽃이 아름다움을 선사한다. 여름에는 무성한 잎이 상쾌한 공기와 시원한 그늘을 마련해준다. 가을이 되면 열매가 맺혀 나무 주변의 생물들에게 먹을거리를 제공한다. 그리고 이 나무에서 떨어진 씨앗은 다시 또 다른 생명을 잉태하여 자연의 한 부분을 확장시킨다.

우리의 '일'이 성장해나가는 과정도 나무의 성장 과정과 별반 다르지 않다. 나를 '씨앗'에 비유해보자. 나는 나를 자라게 해줄 '토양(세상)'을 만나 싹을 틔운다. '싹'은 나와 세상이 만나 만들어낸 '일'의 작은 성과이다. 싹이 '줄기(일로 거두는 커다란 성과)'가 되어야만 비로소 튼튼한 나무로 성장할 수 있다. 한 그루의 나무로 성장한 일은 의도하든, 의도하지 않든 세상에 영향을 미치는 존재로 거듭난다.

우리는 일의 탄생과 발전, 그리고 도약의 과정을 '씨앗', '토양', '새싹', '줄기'의 4가지 비유를 통해 설명하고자 한다. 각 키워드의 영문 스펠링이 'S'로 시작하기에, 이 과정을 줄여 '4S'라고 명명하도록 하겠다.

첫 번째, 우리의 자원을 씨앗 Seed**으로 설명하고자 한다.** 씨앗은 앞으로 자랄 꽃과 나무의 정체성과 크기, 색깔, 자라는 속도와 방향을 모두 담고 있는 가능성의 근원이다. 내가 가진 씨앗이 어떤 씨앗인지 안다는 것은 곧 자신의 존재 이유를 아는 것과 같다. 자신이 가진 씨

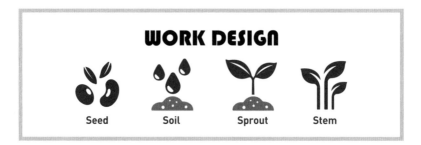

앗의 속성을 알지 못하고 일을 한다는 것은 안타까운 일이자, 인생의 귀중한 시간을 낭비하는 것과 같다.

두 번째, 우리가 만나고 싶은 소비자를 토양Soil으로 비유하고자 한다. 씨앗은 홀로 싹을 틔울 수 없다. 뿌리를 내리고 물을 빨아들일 수 있는 토양이 존재하지 않는다면, 씨앗은 그저 크기가 큰 먼지에 불과하다. 토양은 내가 일을 통해 만나고 영향을 주는 소비자, 그리고 그 소비자들 각자가 종사하고 있는 일의 분야, 그리고 그 소비자를 만나기 위한 목적으로 만들어진 조직을 의미한다.

세 번째, 씨앗이 토양을 만나면 생기는 마법은 무엇일까? 바로 연두색 잎의 새싹Sprout이 싹튼다. 씨앗 안에 숨겨져 있던 생명의 요소들이 토양을 만나 싹을 틔우는 과정은 우리가 하고 싶어 했던 일을 '시각화'하여 세상에 내놓는 것과 같다. 새싹은 우리가 눈으로 확인하고 만져볼 수 있는 실질적인 서비스이자 일을 통해 구체적으로 영향을 줄 수 있는 가치의 영역을 의미한다. 이 세상에 머릿속에만 존재하는 아이디어에 자신의 시간과 재화를 지불하는 소비자는 아무도 없다. 우리가 만드는 서비스는 '보여져야'만 한다. 요리사는 요리로, 디자이너는 포트폴리오로, 작가는 글로, 운동선수는 경기로 보여줄 수 있어야 한다.

네 번째, 새싹을 틔운 일이 그다음 단계로 지속해서 성장해나가기 위해서는 줄기Stem가 되어야만 한다. 내가 제공하는 서비스는 소비자에게 한번 보여주고 마는 일회성으로 끝나지 않아야 한다. 대신 나의 정체성을 살려 오랫동안 기억될 수 있는 '나'라는 브랜드로 이어나가야 한다. 우리가 가진 재능과 성장의 기록이 세상의 전설로 남을 수 있다면 얼마나 멋진 일인가?

우리는 이와 같은 워크디자인 방법론을 바탕으로 수년간 수천 명의 사람들을 만나, 그들이 일에서 겪는 문제를 파악하고 새롭게 자신의 일을 디자인할 수 있도록 도왔다. 우리가 만난 사람들은 중학생부터 일흔이 넘은 노인에 이르기까지 그 연령대가 다양했을 뿐만 아니라 대학생, 취업 준비생, 직장인, 예비창업자, 스타트업 운영자, 퇴직자 등 그 스펙트럼이 폭넓었다.

자연에서 찾은, '씨앗Seed - 토양Soil - 싹Sprout - 줄기Stem'의 워크디자인 프로세스는 세상을 바라보는 하나의 프레임이다. 또한 건강한 시각으로 커리어를 개발하게 해주는 렌즈이자, 모든 사람이 자신의 상황에 맞춰 자기만의 일을 디자인할 수 있도록 도와주는 일종의 생각 도구이다.

지금 당신이 구직을 준비하거나 창직을 준비한다면, 또는 현업에서 보다 나은 일의 진로를 모색하고자 한다면 4S 프로세스를 통해 당신의 일을 새롭게 디자인해보는 것은 어떨까? 4S 프로세스가 분명 당신의 워크디자인에 커다란 힘이 되어주리라고 믿는다.

나의 이야기

워크디자인을 위한 첫걸음은, '자신의 이야기를 풀어낼 수 있는가'에서부터 시작한다. 우리의 인생 이야기는 '경험 그 자체'에 비례해서 풍성해지는 것이 아니라, '경험을 수용할 수 있는 능력'에 비례해서 풍성해진다. 자기 삶의 족적을 잘 들여다보고, 그 경험을 당신만의 시선으로 해석해보자. 더불어 오늘의 당신을 살아가게 하는 삶의 자원을 확인하고, 그것을 토대로 미래의 모습을 그려보도록 하자.

해석의 힘, 나는 무엇을 기억하는가

사실 인간의 기억은 오류투성이다. 우리는 실제로 행동하고 경험한 사실을 기억하지 않는다. 전체 사건 속의 일부분과 그때 느낀 자신의 감정을 중심으로 경험을 해석하여 각자의 방식으로 기억한다. 미국의 심리학자 대니얼 카너먼Daniel Kahneman은 이를 두고 각각 **'경험하는 자아'**와 **'기억하는 자아'**라고 이름 붙였다.

여행은 이 두 자아 사이의 차이를 설명할 수 있는 가장 쉬운 예이다. 얼마 전, 유럽 여행을 다녀온 지인에게 "여행한 곳들 중 어디가 가장 좋았나요?"라고 물은 적이 있다. 지인은 체코의 프라하가 인상에 남는다고 대답했다. 너무 아름다워서 꼭 한 번 다시 가고 싶은 곳이라고 했다. 얼마나 좋았기에 또 가고 싶을 정도냐고 물으니 지인은 예상과는 전혀 다른 이야기를 들려주었다.

"음… 프라하에 도착한 날, 사실은 가방을 도둑맞았어요. 가방 안에는 여권도 들어 있었고, 현금도 한화로 50만 원 정도 들어 있었지요. 하루 종일 영사관에 가서 긴급여권 재발행 신청을 하고, 현지 경찰서에 가느라 여행할 겨를도 없었어요. 그렇게 하루를 다 보내버리고 나니까 정말 허탈하더라고요. 그런데 그렇게 지친 몸을 이끌고 저녁 무렵에 프라하성이 보이는 탑에 올라가 야경을 바라봤는데, 정말 멋있더라고요. 그 장면 하나로 온종일 고생한 게 모두 보상받는 기분이었어요."

지인의 '경험하는 자아'에게 프라하는 도착하자마자 가방을 도둑맞고, 하루 종일 고생스럽게 돌아다녔던 도시였다. 그러나 '기억하는 자아'에게 프라하는 그 고생을 모두 잊어버리게 할 만큼 아름다운 야경을 가진 도시로 각인되었다. 그런 까닭에 그녀의 기억 속에서 프라하는 유럽 여행을 한 나라들 중에서 가장 기억에 남는 곳으로 손꼽히게 되었다.

즉, 같은 경험이라고 할지라도 내가 어떻게 해석하느냐에 따라서 그 경험은 아무것도 아닌 경험이 되기도 하고, 정말 대단한 무엇이 되기도 한다. 경험을 해석하는 역량에 따라 삶의 질은 무척 달라진다.

주변의 재능 있는 이야기꾼들을 살펴보면, 경험을 해석하는 능력이 탁월하다. 이들은 자신이 겪었던 힘들거나 어렵고, 고통스러웠던 과거의 경험도 특유의 통찰을 통해 현재 삶의 이유와 미래의 방향성으로 연결시킨다. 반면에 꽤 훌륭한 경험을 했다고 하더라도, 안타깝게도 아무것도 아니었던 과거로 만들어버리는 사람들도 많다. 누가 봐도 대단하다고 여겨지는 경험을 자기 스스로 아무것도 아닌 양 여겨서 자기 인생의 내러티브를 형편없게 만드는 사람들을 심심치 않게 볼 수 있다.

인간의 모든 경험은 휘발된다. 지금 이 순간도 이내 과거가 되어버린다. 한편, 과거에 내가 경험한 것들이 지금의 나를 만들기도 한다. 현재를 살아가는 나는 휘발되어버린 과거의 경험을 나만의 방식으로 해석하고, 그렇게 만들어진 관점으로 세상을 바라본다. 의사결정을 할 때도 내가 경험한 폭 안에서의 선택지들을 두고 결정한다. 과거의 경험은 현재와 미래의 내가 행동할 수 있는 범위를 제한한다.

그렇기 때문에 우리는 **기억하는 자아를 건강하게 만들어야 한다.** 이는 과거의 경험을 보기 좋게 미화하거나, 있었던 일을 없던 일로 혹은 없었던 일을 있던 일로 만드는 것을 뜻하지 않는다. 인간의 기억에는 오류와 한계가 있음을 이해하고, 경험하는 자아가 겪은 일들을 제대로 돌이켜보면서, 그 경험으로부터 내가 얻은 교훈은 무엇인지, 그 경험을 어떤 식으로 해석할 수 있을지 살펴보는 것을 의미한다.

자신의 경험을 긍정적으로 이해할 줄 아는 해석력을 높이기 위해서는 다음의 세 가지 단계를 밟아가며 나에게 던져지는 질문들에 차분하게 답해야 한다. 우선 **첫 번째 단계에서는 자신의 삶을 여러 각도에서 조망하며 자신을 설명할 수 있는 다양한 증거를 확보해본다.** 배우고, 관계를 맺고, 호기심을 가지고 시도해보고, 성공하고, 실패해본 일련의 경험들을 끄집어내고 펼쳐보는 시간이다. **두 번째 단계에서는 그 경험을 건강하게 해석하여 자신을 소개할 수 있는 일종의 포트폴리오를 만들어본다.** 단순히 경험을 열거하는 것이 아니라, 스토리텔링의 주인공으로서 자신을 탁월하게 설명할 수 있는 이야깃거리를 정리해보는 단계이다. **마지막 단계에서는 포트폴리오의 패턴을 분석하여 자신의 강점을 명명하고, 워크디자이너로 전천후 활용할 수 있는 경험 자원을 발굴하는 작업을 해보도록 한다.**

Step 01
쓸모없는 경험은 없다

경험은 다소 추상적인 개념이다. 따라서 자신의 경험을 몇 가지 구체적인 항목으로 나눠서 생각해보기를 권한다. 이 책에서는 경험의 카테고리를 '배움', '관계', '호기심', '성취', '실패'라는 다섯 가지로 나눠보았다. 각 카테고리에 해당하는 자신의 경험을 하나하나 떠올려보자.

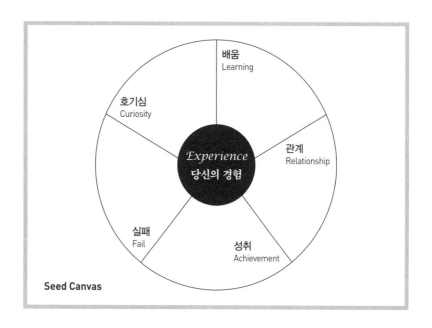

Seed Canvas

배움 지금도 알게 모르게 활용하는 것들

우리는 인생을 살아가면서 꽤 많은 시간을 배움의 과정에 할애한다. 특히 교육열이 높은 한국에서 나고 자랐다면 적어도 10년에서 20년 이상을 공교육과 사교육으로 둘러싸인 환경에서 성장했을 것이다. 그런데 그렇게 학습하는 과정에서 당신이 얻은 것이 무엇이

냐고 질문을 던지면 많은 사람이 "저는 프랑스어를 전공했는데, 이제는 인사말도 기억이 안 나요", "저는 경제학을 전공했는데, 가계부도 하나 제대로 못 써요"라고 말하며, 오랜 시간 돈과 시간을 들여 배운 학습의 결과에 스스로 낮은 점수를 매기곤 한다. 아무리 오랫동안 공부한 내용이라고 할지라도 평소에 꾸준히 그것을 들여다보지 않으면, 그간에 학습한 내용은 잊어버리게 된다. 현재 시점에서 내가 과거에 배운 것들을 얼마나 잘 기억하고 있는지 여부를 중심으로 내 경험을 판단해버리면, 지난 시절 나의 배움은 아무런 의미가 없게 된다.

하지만 모든 경험은 무의미하지 않은 법. 내가 경험한 과거의 학습 과정 중에서 내 삶에 영향을 미쳤던 것들을 하나씩 꺼내어 보자. 그때 나는 왜 그 공부를 하고 싶어 했는지, 당시에 배웠던 것들 중 지금 내 삶에 알게 모르게 활용되고 있는 지식은 없는지 천천히 살펴보자.

[배움 10Q]

Q1.   학교를 다닐 때, 가장 좋아했던 과목은 무엇이었나?

Q2.   가장 잘했던 과목은 무엇이었나?

Q3.   학교에서 배운 것 중 가장 기억에 남는 것은 무엇인가?

Q4.   학교가 아닌 곳에서 학습한 것 중 가장 많은 시간을 쏟은 것은

무엇인가?

Q5. '지식'이라고 말할 수 있는 배움에는 무엇이 있는가?

Q6. 노력해서 얻은 자격증이 있는가?

Q7. 시험을 준비하는 과정에서 얻은 지식이나 스킬이 있었나?

Q8. 어떤 학위를 가지고 있는가?

Q9. 누군가에게 10분간 내가 알고 있는 것을 설명해야 한다면, 무엇을 소개할 것인가?

Q10. 말이 아니라 손이나 몸으로 보여줄 수 있는 것이 있다면 그것은 무엇인가?

관계 지금의 나를 있게 했던 그들

대부분의 경험은 혼자서 구축한 것이 아니다. 삶에서 어떤 인연들을 만났으며, 그 인연들과 무엇을 공유했는지에 따라 경험의 깊이와 넓이가 결정되기도 한다. '한 명의 사람을 만나는 것은 하나의 세계를 만나는 것과 같다'라는 말처럼, 우리는 우리와 관계를 맺은 사람으로부터 삶을 바라보는 관점, 내가 취하는 행동 등 많은 부분의 영향을 받는다. 특히 다양한 관계들 중에서도 가족은 한 개인에게 가장 큰 영향을 미친다. 그들과의 관계 속에서 나는 어떤 성격과 삶의 방식을 구축하게 되었는지 천천히 떠올려보자. 가족 외에도 친구, 연인, 롤 모델 등과 같이 내 삶에 영향을 미친 관계들을 생각해보자.

[관계 10Q]

Q1. 우리 가족의 일상은 어떠했나? 우리 가족은 나에게 어떤 영향을 주었나?

Q2. 살면서 가장 영향을 받은 친구는 누구인가? 그 친구와 함께했던 시간 중 인상적인 사건은 무엇인가?

Q3. 연애했던 사람 중 가장 기억에 남는 사람은 누구인가? 그/그녀로부터 받은 영향은 무엇인가?

Q4. 선망했던 아이돌이나 연예인이 있었다면 그들은 나에게 어떤 존재였나?

Q5. 배우자가 있다면 그/그녀는 어떤 사람이며, 어떤 이유로 그 사람과 결혼하게 되었나?

Q6. 자녀를 키우고 있다면, 그 과정에서 어떤 경험을 했나?

Q7. 함께 일했던 사람들 중 나에게 가장 큰 영향을 미친 사람은 누구인가?

Q8. 스승이라고 여길 수 있는 사람이 있는가? 그는 나에게 어떤 가르침을 주었나?

Q9. 싫어하거나 원수처럼 느껴진 사람이 있는가? 그들은 나에게 어떤 가르침을 주었나?

Q10. 단 한 번 만났거나 친밀하지는 않은 사람이지만, 깊은 인상을
받은 사람이 있는가?

호기심 호기심으로 얻은 것들

호기심은 '경험 자원'을 쌓이게 만든다. 좋아하는 외국 가수의 음악을 이해하기 위해 자발적으로 외국어를 배워서 수준급으로 구사하는 사람을 주변에서 본 적이 있을 것이다. 한 편의 문학 작품을 읽고 그 작품을 쓴 작가에게 호기심을 느껴서 해당 작가의 책을 모조리 읽다가 나중에는 더욱 많은 문학 작품을 섭렵하게 되어 결국엔 문학평론가가 된 사람도 있다. 어린 시절 보았던 한 편의 영화에 깊은 감명을 받아 연기하는 삶을 꿈꾸게 되었고, 그 결과 지금은 스타가 된 배우의 이야기도 흔하다.

우리의 일상에서 여행은 호기심으로 시작하게 되는 대표적인 행동이다. 일상을 벗어나서 낯선 장소, 낯선 사람을 만나고, 오감을 자극받는 경험은 또 다른 호기심으로 이어진다. 한 번의 여행은 또 다른 여행으로 이어진다. 이렇게 새로운 경험들은 우리 안의 자원으로 축적된다.

미국의 긍정심리학자 바버라 프레드릭슨Barbara Fredrickson은 다소 모호하다고 여겨지는 긍정의 정서를 다음의 10가지 대표 정서로 나누어 학문적으로 정리한 바 있다. 그녀는 우리 안의 긍정 정서

를 '즐거움Joy', '감사Gratitude', '고요함/평온함Serenity', '관심Interest', '희망Hope', '자부심Pride', '유쾌함/폭소Amusement', '영감Inspiration', '경외감Awe', '사랑Liebe, love'으로 분류했는데, 이 정서들은 단순히 좋은 정서에 그치는 것이 아니라, 인간의 번영을 위한 자원을 구축하는 데 기여했다고 밝혔다. 그녀가 주장한 이 이론을 학계에서는 '확장과 구축의 이론Broden&Build Theory'이라고 명명했다. 긍정의 감정이 우리의 생각을 확장해주고 더 나은 삶을 구축하게 만들어주기 때문이다.

우리는 기분이 좋을 때, 내 삶의 경계 바깥으로 나가고자 하는 욕망을 갖게 된다. 반대의 경우를 생각하면 더욱 이해하기가 쉽다. 기분이 나쁘거나 우울할 때, 집 밖을 나서기가 어렵지 않은가? 모든 일에 의미를 느끼지 못하고, 하고 싶은 것이 사라진다. 그러나 긍정의 정서, 좋은 기분은 우리를 밖으로 이끈다. 밖으로 나간 우리는 많은 사람을 만나게 되고, 이와 같은 교류를 통해 우리는 더 많은 정보를 수용하게 된다. 이것이 바로 '확장'이다. 확장된 개인의 경험은 휘발되지 않고 다양한 형태로 축적된다. 네트워크로 축적될 수도 있고, 정보로 쌓일 수도 있다. 혹은 취미나 특기가 되기도 한다.

[호기심 10Q]

Q1. 아무것도 하지 않아도 되는 저녁 시간, 나는 무엇을 하며 시간

을 보내는가?

Q2. 요즘 특별히 관심이 가는 것은 무엇인가?

Q3. 주말에 무엇을 하며 시간을 보내는가?

Q4. 가장 최근에 했던 여행/생애 처음으로 떠났던 여행을 떠올려
보자.

Q5. 입이 쩍 벌어질 정도로 아름다웠던 장면을 떠올려보고 언제, 어
디에서 그 장면을 만났는지 떠올려보자. 그리고 그 장면을 구체
적으로 묘사해보자.

Q6. 내 인생의 영화는 무엇이며, 왜 그토록 인상적이었는가?

Q7. 좋아하거나, 들으면 언제나 편안함을 느끼는 음악이나 멜로디
는 무엇인가?

Q8. 특별한 향에 매료된 적이 있는가? 좋아하는 향이 있다면 무엇
인가?

Q9. 당신이 가장 좋아하는 음식은 무엇인가? 지친 하루, 당신의 입
맛을 깨우기 위해 먹고 싶은 음식은 무엇인가?

Q10. 가장 좋아하는 촉감은 무엇인가?

성취 **내게도 이런 적이 있었다니**

성취의 경험은 자존감과 자신감을 높여줄 뿐만 아니라 더욱 어려
운 과제에 도전할 수 있도록 도와준다. 개인마다 성취를 정의하는

정도는 다르다. 작은 성취의 경험이라도 그냥 지나치지 않고 스스로 축하해주며 자신의 긍정적인 면모를 들여다보는 편이 인생을 살아가는 데 있어서 더 큰 도움이 된다. 또한 당시에는 성취의 경험이라고 느끼지 못했다고 할지라도, 시간이 지난 후에 다시 해당 경험을 천천히 되돌아보는 일도 인생에 큰 도움이 된다.

성취의 경험은 양면성을 지니기도 한다. 자신의 성취에 도취해서 타인을 무시하거나, 보다 더 발전적인 방향은 무엇인지 인지하지 못하는 실수를 범할 때 그러하다. 과거에 이룬 성취에 매여서 현실을 직시하지 못하는 실수도 범하지 않도록 주의해야 한다. 긍정의 감정은 인간에게 대부분 유리하게 작용하는 감정이지만, 현재보다는 미래의 가능성에 주목하게 하는 감정이기도 하기 때문에 긍정의 감정을 정도 이상으로 경험하게 될 경우, 현실 감각이 떨어질 수도 있다. 그러나 현실 감각을 잃지 않기 위해 너무 애쓰다 보면 성취로 인한 즐거움을 만끽하지 못하게 되므로, 긍정의 감정과 현실 감각 사이에서 적절하고 현명하게 균형을 찾을 줄 알아야 한다.

[성취 10Q]

Q1. 최근에 이룬 성취 경험은 무엇인가?

Q2. 과거에 이룬 성취 경험 중 가장 기억에 남은 경험은 무엇인가?

Q3. 아주 작은 성취 경험이지만, 스스로 만족스러웠던 적은 언제

인가?

Q4. 주변으로부터 인정을 받았던 경험은 무엇인가?

Q5. 가장 기분 좋게 성취한 경험은 무엇인가?

Q6. 우연히 성취한 경험은 무엇인가?

Q7. 위에서 대답한 경험의 성공 원인은 무엇이라고 생각하는가?

Q8. 평소 잘 풀리는 일들의 공통적인 패턴은 무엇인가?

Q9. 지금 하는 일에 과거의 성취 경험을 어떻게 녹일 수 있을까?

Q10. 자신의 성취 경험을 강의할 기회가 있다면 뭐라고 이야기할 것

인가?

실패 실패 소생술

실패의 경험은 마치 천재지변과도 같은 경험을 선사한다. 마음이 흔들리고 무너진다. 이성적으로 생각할 겨를도 없이 감정에 휩쓸려 나간다. 개인마다 경험하게 되는 실패의 종류와 강도는 모두 다르다. 같은 종류의 실패라고 할지라도 사람마다 느끼는 정도는 철저히 주관적이어서, 어떤 사람은 덜 힘들어하고 어떤 사람은 매우 괴로워한다. 하지만 어느 쪽이든 실패는 쓸쓸하고, 처참하며, 부끄러움을 불러일으킨다. '실패는 성공의 어머니'라는 표현이 있기는 하지만, 이는 실패를 바탕으로 성공을 맛본 사람들만이 할 수 있는 여유로운 말이기도 하다. 하지만 실패의 경험은 분명 좋은 경험으로

소생시킬 수 있다.

실패를 소생시킬 수 있는 가장 좋은 방법은, 과거와 비슷한 상황에 처하게 되었을 때 어떻게든 작은 성공이라도 경험해보는 것이다. 이렇게 되면 과거에 머무르지 않고 소위 '극복'이라는 것을 하게 된다. 그러나 만일 그것이 여의치 않다면, 실패를 들여다보는 관점을 다시 재조명해보는 방법도 있다. 다시 그날의 카메라를 돌려보는 것이다. 내가 돌려보는 카메라의 위치는 전지적 작가 시점 즉, 3인칭이어야 한다. 1인칭이 되어 다시 그 장면으로 들어가면, 감정만 올라올 뿐 별로 도움이 되지 않을 것이다. 그 장면을 담담하게 관객처럼 지켜보면 된다. 제3자의 눈으로 그 장면을 바라보고 난 후 어떤 발견을 하게 되었는지를 찾아내는 과정이 실패로부터 배움을 얻는 과정이 된다. 이때 내가 직면한 감정을 무시하는 것이 아니라, 담담하게 읽어보는 것이 필요하다. 다시 그 상황에 들어갔을 때, 어떤 선택의 시나리오를 다시 쓸 것인지 파악하기 위해서는 작가의 시점이 필요하기 때문이다.

[실패 10Q]

Q1. 부끄러워 고개를 들지 못했던 경험이 있다면 무엇인가?

Q2. 눈이 퉁퉁 붓도록 격하게 울어본 경험이 있다면 무엇인가?

Q3. 바닥을 쳤다고 생각되었던 일(순간)이 있다면 무엇인가?

Q4. 나 자신에게 화가 치밀어 올랐던 경험이 있다면 무엇인가?

Q5. 가장 실패했던 인간관계의 경험이 있다면 무엇인가?

Q6. 지우고 싶은 나의 과거가 있다면 무엇인가?

Q7. 변명의 여지가 없이 나의 실수로 일을 망친 경우가 있다면 무엇인가?

Q8. 다른 사람은 모르지만 스스로는 알고 있는 실수가 있다면 무엇인가?

Q9. 다시 그때로 돌아간다면 절대로 하지 않았을 일은 무엇인가?

Q10. 똑같은 실수를 반복했던 경험이 있다면 무엇인가?

경험의 재해석으로 만든 포트폴리오, 4E

앞에서 언급된 다양한 질문을 통해 자신의 삶을 떠올려보면서, 당신은 어쩌면 여러 편의 영화를 감상한 듯한 스펙터클함을 느꼈을지도 모르겠다. 평범한 삶을 살았다고 생각했겠지만, 자세히 들여다보면 별것 없다고 생각했던 당신의 삶에도 희로애락과 스쳐 간 수많은 사람들, 그리고 그로 인해 경험한 수만 가지 사건들이 있었을 터이다.

교육과 코칭을 통해 만난 다수의 고객들은 자신의 경험을 평가절하하며 그 가치를 인식하지 못하는 경우가 허다했다.

"이런 것 정도가 자랑할 거리가 되나요? 남들도 다 비슷한 경험들을 했을 텐데요."

이들의 생각처럼, 우리의 경력은 정말 평범하고 보잘것없는 것일까? 우리의 대답은 "그렇지 않다"이다. 나의 경력은 이 세상에서 충분히 유일무이한 경험이며, 특수성과 특이성을 지닌다.

A, B, C 세 사람이 여름방학을 이용해서 편의점에서 석 달간 아르바이트를 했다고 가정해보자. 표면상으로는 세 사람 모두 '같은 경험'을 했다고 볼 수 있지만, 세 사람의 경력은 완전히 달라질 수 있다. 같은 일을 하더라도 각자 일을 이해하고 소화해내는 그릇이 저마다 다르기 때문이다. 나이와 대학생이라는 신분은 비슷할지 모르겠으나, 어떤 식으로 일했느냐에 따라서 석 달의 시간이 지난 뒤에는 완전히 '다른 경력'을 가지게 될 것이 분명하다. 일터의 환경, 풀어야 했던 문제, 제시했던 해결책, 일하면서 가장 어려웠던 점, 가장 보람 있었던 점, 그리고 그 시간 이후에 새롭게 알게 된 점 등 다양한 지점에서 세 사람은 다른 경험과 기억을 가질 것이기 때문이다. 즉, 같은 환경에서 일한다고 해도 경험하는 사람의 그릇에 따라 전혀 다른 경력이 만들어진다.

그러므로 남들도 경험했을 것이라고 생각해서 대수롭지 않게 치부했던 자신의 경험을 새롭게 들여다봐야만 한다. 마치 엄청난 가치를 지닌 골동품을 다루듯이 그 위에 앉은 먼지를 신중하게 닦아내고 새로운 공간에 보기 좋게 올려놓는 것이다. 오래된 이불을 탈탈 털듯 새로운 마음가짐으로, 내가 경험했던 일들을 매우 귀하고 소중한 시간으로 다시 보아야 한다. 나의 경력은 시장 여기저기에 아무렇게나 걸려 있는 검정 비닐봉지가 아니라 세상에 단 하나뿐인 명품가방이라고 생각하면서 아껴주도록 하자. 자신도 소중하게 생각해주지 않는 나의 경험을 타인이 먼저 알아줄 리가 만무하다.

만일 지금 당신의 손에 먼지가 많이 묻은, 낡은 이력서 한 장만 들려 있다고 해도 전혀 상심할 필요 없다. 지금부터라도 당신의 지난 경험들 중 유의미한 것들을 하나씩 모으고 추슬러간다면 나만의 일을 디자인할 때 쓰이게 될 풍성한 이야기와 아이디어들이 탄생할 수 있다. 가슴 뛰는 일은 어느 날 갑자기 내 눈앞에 나타나지 않는다. 내가 가진 경험들을 새롭게 조합하고 의미를 부여할 때, 비로소 나만이 할 수 있는 일을 찾게 될 것이다.

과거의 경험들을 한껏 풀어내 바구니에 한가득 담았는가? 그렇다면 다음에 밟아야 할 과정은 바구니에 담긴 경험들을 하나씩 꺼내어보면서, 각각의 경험들을 건강하게 해석하는 일이다. 여기에서 경험을 해석하여 자신만의 포트폴리오로 만들어갈 수 있는 4단계의 필터를 소개해보고자 한다. 4단계의 필터는 영문 스펠링의 첫 글자가 모두 'E'로 시작하기에, 우리는 이 필터를 앞으로 '4E'라고 부르고자 한다. 4E를 통해 자신의 경험을 다시 한번 의미 있게 복기해보자.

Experience > Event > Effort > Earning

- Experience(경험): 당신의 '경험' 중에서 한 가지를 꼽아보고 키워드를 적어보자.
- Event(사건): 그 경험 안에서 체험했던 '사건'을 구체적으로 떠올려보자.
- Effort(노력): 당시에 당신은 구체적으로 어떤 '노력'을 했는가?
- Earning(교훈): 그래서 어떤 '교훈'을 얻었는가? (당시에 얻은 교훈을 떠올려도 좋고, 지금 그 일을 해석하며 느낀 점을 떠올려도 좋다.)

[Case 01 취업 준비 중이던 대학생 L씨, 23세]
- Experience: 어린이 영어 캠프 진행 아르바이트.
- Event: 캠프 진행 중 프로그램에 집중하지 못하는 아이들이 있었음.
- Effort: 그 아이들을 별도로 집중 케어해줬고, 덕분에 이탈하는 아이들 없이 캠프가 잘 마무리되었음.
- Earning: 어떤 일을 하든 늘 세심한 관심을 발휘하여 부족한 부분

이 있다고 판단되면 문제를 해결할 수 있는 방법을 찾아보기 위해 노력하는 편임.

[Case 02 이직을 준비했던 직장인 K씨, 35세]

- Experience: 2년 전 런칭한 온라인 쇼핑몰의 마케팅 업무를 담당함.
- Event: 부족한 예산 안에서 쇼핑몰을 런칭하고 홍보해야 하는 어려움에 처함.
- Effort: 쇼핑몰 홍보를 위해 직접 SNS를 운영하고 블로그 활동도 병행했음.
- Earning: 런칭한 온라인 쇼핑몰이 입소문만으로 6개월 만에 인스타그램 팔로워 5,000명에 도달함. 무엇이든 일단 시작하고 노력하면 안 되는 일이 없다는 사실을 알게 되었음. 홍보를 할 때에는 예산보다 정성과 일관성이 중요하다는 사실도 깨달음.

이렇게 4단계로 경험을 해석하게 되면 자신만의 이야기가 담긴 '라이프 포트폴리오'를 만들 수 있다. 이렇게 만든 포트폴리오는 어떤 상황에서든 자신을 드러내고자 할 때 효과적으로 활용할 수 있다. 포트폴리오에는 개별 사례가 많을수록 유리하므로, 자신의 과거 경험을 4E를 통해 재구성해보도록 하자.

| 4E 포트폴리오

4E	포트폴리오 ①	포트폴리오 ②	포트폴리오 ③
Experience 당신의 '경험' 중에서 한 가지를 꼽아보고 키워드를 적어보자.			
Event 그 경험 안에서 체험했던 '사건'을 구체적으로 떠올려보자.			
Effort 당시에 당신은 구체적으로 어떤 '노력'을 했는가?			
Earning 그래서 어떤 '교훈'을 얻었는가? (당시에 얻은 교훈을 떠올려도 좋고, 지금 그 일을 해석하며 느낀 점을 떠올려도 좋다.)			

Step 02
강점을 아는 것이 강점

자신의 경험을 상기하며 라이프 포트폴리오를 만드는 작업까지
마무리했다면, 이제는 각 포트폴리오 안에서 공통적으로 드러나는
패턴을 읽어보자. 우리는 이 패턴들 중에서 긍정적인 속성을 찾아
강점으로 라벨링Labelling(이름 붙이기)을 해보려고 한다.

강점을 이해하기 위한 올바른 질문

강점의 필요성과 중요성에 대해서는 참 많이 들었어도, 실제로 그것에 대한 정의와 탐색 방법을 제대로 알고 있는 사람은 많지 않다. 흔히 "잘하는 것이 무엇인가?"라는 질문을 강점을 묻는 질문으로 생각하지만, 그것은 강점의 속성에 대해 오해하고 있는 것이다. 무엇을 잘하느냐는 질문에 답하다 보면, 결과에 치중해서 말하기 쉽다. 이를테면, "저의 강점은 영어 실력입니다", "저는 친구가 많은 것이 강점입니다"라고 말하는 식이다. 심지어 "저는 돈이 많은 것이 강점입니다"라고 말하는 사람도 있었다.

강점을 뜻하는 영어 'Strength'에서 유추할 수 있듯이, 강점은 쓰면 쓸수록 단련이 되어서 강화되는Strengthen 무언가를 의미한다. 타고난 재능을 무조건 강점이라고 여길 수 없다. 미국의 교육심리학자 하워드 가드너Howard Gardner의 다중지능이론에 따르면, 인간은 누구나 음악, 신체 운동, 논리 수학, 언어, 공간, 인간 친화, 자기 성찰 지능 중 하나 또는 그 이상을 지니고 태어난다고 한다. 그런데 이렇게 타고난 재능도, 갈고 닦지 않으면 이내 사장되어버리고 만다. 재능이 곧 강점이 될 수 없는 까닭이다. 이와는 반대로 재능은 부족해도 꾸준한 학습을 통해 강점으로 성장시킬 수 있다. 이를테면 사교적이지 못한 성격을 지닌 사람이라고 할지라도, 오랫동안 영업 업무를 하다 보면 사람들을 응대하는 일을 자연스럽게 잘해낼 수 있게 되기도 한다. 이러한 강점을 '학습된 강점'이라고 부른다.

"_____을/를 잘하게 되었던 당신만의 방식(Style)은?"

강점을 제대로 파악하기 위해서는 위 질문에 답해야 한다. 과거의 어떤 경험을 둘러싸고 내가 한 행동과 그 행동의 결과가 긍정적인 성과로 이어진 적이 있는가? 그렇다면 과연 내가 '어떤 방식'으로 행동했기에 그와 같은 성과가 가능했는지를 파악할 필요가 있다. 그것이 나의 강점을 찾을 수 있는 올바른 방법이다. 이 작업은 고차원적인 경험 해석 역량이 필요하다. 과거의 경험들로부터 성공의 패턴을 추론해내고, 그 안에 숨은 '자신만의 일하는 방식'을 찾아, 하나의 단어로 이름을 붙일 수 있다면 언제 어디에서든 자신의 강점을 당당하게 이야기할 수 있다. 또한 달성하고자 하는 크고 작은 목표가 있을 때, 자신의 강점을 살려 일을 해결해나갈 수 있다.

재우 씨는 영어 학원을 성공적으로 운영하고 있다. 수준급의 영어 실력을 바탕으로 케이블 영어 방송에도 출연 중이다. 영어 실력만 보면 해외 유학파인 것 같지만, 사실 재우 씨는 지금까지 단 한 번도 외국에 나가본 적이 없다. 심지어는 그 흔한 영어 학원도 다녀본 적이 없다. 그런 재우 씨에게 어떻게 그렇게 영어를 잘하게 되었는지 비결을 알려달라고 묻자, 다소 뻔한 답이 되돌아왔다. 재우 씨는 매일 영어 문장을 쓰고, 매일 영어 방송을 듣고, 매일 영어로 말하는 연습을 했다고 한다. 특별한 비법이 있는 줄 알았는데, 재우 씨가 영어를 잘하는 비결은 매일 영어를 공부한 것뿐이었다. 재우 씨는 영어뿐만 아니라 프랑스어 실력도 수준급이었다. 그 역시 매일 프랑스어를 공부한 덕분이었다. 그렇다면 '매일 꾸준히 하는 것'은 재우 씨만의 학습 방식 혹은 그의 타고난 강점이라고 할 수 있겠다.

윤정 씨는 외국계 리서치 회사의 연구원으로 일을 처음 시작했다. 그녀가 처음 직장에 들어갈 때만 해도, 주변 사람들은 리서치 업무가 그녀와 잘 맞지 않아서 윤정 씨가 금방 퇴사할 것이라고 내다봤다. 다른 사람들이 보기에 윤정 씨는 사람 만나는 것을 좋아하고, 유쾌하며, 유머러스한 성격에 외모도 푸근했다. 외적인 면에서 윤정 씨에게는 전문적이고 똑 부러지는 이미지가 없었다. 그런데 주위 사람들의 예상과는 달리, 윤정 씨가 3년 차가 되자 부서 이곳저곳에서 함께 일하고 싶다는 러브콜이 쏟아졌다. 리서치 업무의 특성상, 윤정 씨는 수많은 사람들을 만나 인터뷰하고 정성조사를 하고 보고서를 써야 했는데, 일을 하면서 윤정 씨는 그 누구와도 부딪히는 일이 없었다. 까다로운 고객사는 물론이고, 이해관계로 얽혀 있는 타 부서 사람들도 윤정 씨와 일을 할 때에는 불평 한마디 없었다. 무던하면서도 유쾌한 성격의 윤정 씨와 함께 일하다 보면 안 될 것 같은 일도 물 흐르듯 잘 진행되었다. 인터뷰에 응하는 사람들이 윤정 씨 앞에서는 경계심을 풀고 솔직하게 자신의 의견을 표현했는데, 이것이 꽤 유의미한 데이터가 되어 고객사에게 큰 신뢰를 심어주기도 했다. '부드럽고 유연하게 일을 해내는 것'은 외국계 리서치 회사에서 프로답게 일을 해내는 그녀만의 방식이었다.

미국의 심리학자이자 『마음 가면』, 『라이징 스트롱』 등과 같은 베스트셀러의 저자인 브레네 브라운Brené Brown은 책을 집필할 때 글을 쓰는 대신 우선 말로 자신의 생각을 풀어낸다고 한다. 실제로 유튜브에서 그녀의 강연 동영상을 찾아보면 감동과 재미로 가득하다. 브라운의 입을 통하면 어려운 심리학 내용도 알기 쉽게 잘 전달된다. 그녀는 자신의 경우, 말로 풀어내야 생각이 훨씬 잘 떠오르고, 일목요연하게 잘 정리된다는 것을 깨달은 이후로 책을 쓰기 위해서 늘 두 명의 도우미를 초대한다고 한다. 이들은 그녀의 이야기를 들어주고, 때로는 좋은 이야기가 새어나가지 않도록 기록해주는 사람들이다. 그녀가 이 두 사람에게 자신의 생각을 충분히 이야기하고 나면, 두 사람은 그녀의 이야기를 문장으로 정리하여 건네준다. 이후에 브라운은 자신의 이야기를 다시 들여다보면서 문장을 수정하고, 맥락을 정리하며 퇴고한다고 한다. 우리는 흔히 작가라면 당연히 책상에 앉아서 긴 사색 끝에 글을 써나갈 것이라고 생각하지만, 브라운은 그녀만의 독특한 방법으로 글을 쓰고 있는 것이다.

앞에서 언급한 사례들에서 알 수 있듯이, 우리가 무엇인가를 해내는 과정 안에는 그 사람만의 패턴이 숨어 있다. 특히 좋은 성과를 이룬 일들의 경우, 그 사람만의 특별한 패턴이 더욱더 강력하게 작용한다. 자신을 좋은 결과로 이끌어주는 나만의 패턴을 찾아내어 삶에서 주어지는 또 다른 과제에 그 방법을 활용한다면, 우리는 다시 한번 성취의 경험을 할 수 있을 것이다. 이것이 곧 강점을 영리하게 활용하는 방법이다. 다음은 강점으로 불릴 수 있는 키워드들을 정리한 표이다. 참고하길 바란다.

강점 단어

감사	감수성	감정 조절	경청
공감	글쓰기	긍정성	끈기
낙관	너그러움	논리성	다정함
도식화	도전	따뜻한 마음	리더십
말하기	명랑	문제 파악	박학다식
발표력	배려	분석력	사교성
사랑	상상력	성실	세심함
소통	신뢰	신중함	심미안
열린 마음	열정	온화	용기
유머	유연성	응용력	이해력
자기 관리	자기 이해	자기 주도	자신감
자제력	적극성	적응력	전달력
전략적	정돈	주목성	준비성
중립적	진정성	진취성	집중력
창의성	책임감	체계성	촉진
추리력	추진력	친절	쾌활
탐구력	통솔력	통찰력	통합력
판단력	평정심	포용력	학습
협력	호기심	활기	희망

※ 출처: Realise2(강점진단 툴, 60개), VIA(성격강점진단, 24개)을 참고하여 76개의 강점 단어로 워디랩스에서 재정리.

강점으로 설계하는 월화수목금토일

자신이 가진 강점의 패턴을 이해했다면, 자신을 대표할 수 있는 강점 3가지를 적어보도록 하자.

- _____

- _____

- _____

이제, 위에서 적은 3가지 강점을 당신이 업무를 할 때 어느 정도 활용하고 있는지 살펴보자. 이미 가지고 있는 강점을 활용하지 못하는 것은 일종의 자원 낭비이다. 업무적인 부분에서 달성하고자 하는 목표가 있을 때, 자신의 약점을 보완하며 채워나가기보다는 자신의 강점을 활용하는 편이 시간과 에너지 측면에서 더욱 효과적이다.

이번에는 당장 내가 해야 하는 일들을 적어보자. 그 일을 자신만의 강점을 활용해 실제로 시도해본다면 어떤 일이 벌어질까? 자신의 강점을 확인하고 나면 기분이 무척이나 좋을 뿐만 아니라, 자존감이 상승한다. 하지만 단순히 좋은 기분을 느끼는 것에 머물러버리면, 구체적인 활동으로 연결되지 못한다. 오늘 하루 동안 할 일을 계획하거나 주 단위로 업무 리스트를 만들 때, 자신의 강점을 살려서 일할 수 있는 방법을 생각해보고, 강점 활용 계획표를 구체적으로 적어보자.

▌강점 활용 계획표-예시

WEEK	MON	TUE	WED	THU	FRI	SAT
할 일	원고 작업	원고 작업	S사 미팅	인강 촬영	특강	K와 코칭
강점	탐구	통찰	문제 해결	도전	열정	통찰
계획	1차 원고 작업은 데이터를 최대한 모으고 사례를 리서치	리서치 자료를 바탕으로 핵심 요인을 뽑아보는 데 집중	눈앞으로 다가온 가을 학기 커리큘럼을 이번 미팅을 통해 완전 재정리하고 담당자와 조율하기	처음 시도해 보는 촬영이니 일단 용기 있게 도전! 내가 가장 잘하는 것부터 일단 시작!	에너지를 비축해 1시간 동안 열정을 담아 콘텐츠 풀어내기	K와 두 번째 코칭 세션. 현재 상황에서 어떤 목표를 재설정할지 통찰력을 발휘해 돕기

위의 표는 강점 활용을 위해 필자가 일상에서 활용하는 실제 주 단위 계획표이다. 우리는 계획을 세울 때 언제, 어디에서, 무엇을 할 것인지만 생각할 뿐, 자신의 강점을 어떤 식으로 발휘해서 그 일을 해낼 것인지는 생각하지 않는다. 물론 이렇게 적는다고 할지라도 계획처럼 흘러가지 않는 날이 허다할 수 있다. 필자 역시 그랬다. 그러나 강점 활용 계획표는 잘 지켰는지 여부를 판단하기 위해서 기록하는 것이 아니다. 강점 활용 계획표 작성의 핵심은 해야 하는 일을 내가 가진 강점 자원으로 연결할 수 있는지 여부이다. 이 연결 이 습관이 되면 글자로 적지 않아도 자연스럽게 어떤 일을 하기 전 에 나의 어떤 강점과 연결 지어서 해낼지를 떠올리게 된다. 그러고 나면 무슨 일을 하게 되든지 내 안에 든든한 지원군을 둔 것 같아

마음이 한결 편안해진다. 자, 이제 당신 차례이다. 다음의 강점 활용 계획표를 통해 당신의 한 주를 계획해보자.

▎강점 활용 계획표

WEEK	MON	TUE	WED	THU	FRI	SAT
할 일						
강점						
계획						

Step 03
경험 자본의 투자처, 삶의 가치

▎지금까지의 활동을 통해 우리는 단순히 지난 경험을 확인하고 끝난 것이 아니라, 다양한 해석의 방법을 동원하여 경험 자본Experiential Capital화를 이뤘다. 자본을 어디에, 어떻게 투자하느냐에 따라서 이

후에 그 가치가 달라지듯이, 개인의 경험 자본도 무엇을 위해 쓰이느냐에 따라 그 가치가 새롭게 매겨질 수 있다. 경험 자본을 어디에 어떻게 쓸 것인지 결정할 때 중요한 역할을 하는 것이 있다. 바로 개인이 중시하는 '삶의 가치'이다.

삶의 가치를 좀 더 구체적으로 표현하자면, '내가 무엇을 소중하게 생각하고 살아가는가'라는 문장으로 정리할 수 있다. 보다 더 쉽게 표현한다면 '나는 어떤 것들에서 의미를 느끼는가'라는 질문으로 바꿔볼 수 있겠다.

자신의 삶에서 귀하게 여기는 가치가 또렷해졌다면, 일은 그 가치를 추구하는 수단으로 존재해야 한다. 그러나 많은 사람이 자기 삶의 가치를 찾고, 일을 통해서 그러한 삶을 추구하는 데에 서투르다. 인간의 삶에서 가치를 느끼게 하는 기준은 수만 가지일 텐데, 대다수의 사람들은 부와 명예, 삶의 안정성과 같이 많은 사람이 중요하다고 여기는 가치를 맹목적이고 수동적으로 믿고 따르는 경향이 크다.

가치가 일을 일구어 감에 있어서 얼마나 중요한지는 자신의 일을 만들어가는, 소위 스타트업 창업가들의 경험을 통해 확인할 수 있다. 대부분의 창업가들은 추구하는 목표도 명확하고, 열정도 있으며, 똑똑하다. 또한 성공에 대한 열망도 강하다. 목표를 향해 나아가는 와중에 창업가는 수많은 의사결정을 해야 한다. 이때 자신만의 가치가 명확하지 않은 사람들은 주변 사람들의 이야기나 크고 작은 유혹들에 흔들려서 사업의 방향을 쉽게 틀어버리곤 한다. 그러한 결정이 돈을 벌어다주기도 하지만, 회사의 정체성을 이도 저도 아닌 것으로 만들어버리기도 한다. 추구하는 가치가 불분명하다 보니, 사람을 충원할 때에도 그때그때의 상황에 맞춰서 사람을 들이게 된다. 결국 무엇을 하는지 알 수 없는 조직에, 무엇을 해야 할지 모르는 구성원들만 늘어난다. 일이라는 것은 어느 정도 자리를 잡으면, 새로운 일들이 무시무시한 속도로 증식한다. 가치를 무시하면, 조직이 커졌을 때 언제 어디에서 문제가 생겼는지 알 수 없게 된다.

가치를 추구하는 사람들이 가장 많이 받는 오해 중 하나가 '이상주의자'라는 지적이다. 그런데 창업 기업들 중에서 오래 지속해나가는 기업들을 살펴보면, 이들 조직에는 공통적으로 가치를 추구하는 리더가 존재했다. 추구하는 가치가 분명한 회사만이 오랜 시간 존속하고 번영한다.

내비게이션과 가치

이화여대 경영학과의 윤정구 교수는 가치를 '내비게이션'에 빗대어 설명한 바 있다. 내비게이션은 도착지를 언제나 구체적으로 제시한다. 내비게이션의 도착지는 우리가 살아가면서 도달하고자 하는 목표 또는 비전을 은유한다. 목표가 시한이 정해진 목적 지점이라면, 비전은 크고 작은 목표들로 이루어진 미래의 특정 시점을 의미한다. 변호사 자격증을 따는 것은 목표이지만, 변호사 자격증을 딴 후에 변호사가 되어 일을 하는 구체적인 모습은 비전이다. 우리가 흔히 '꿈'이라고 표현하는 것들은 목표나 비전보다 더욱 두루뭉술한 개념이며, 포괄하는 대상이 상당히 넓다. 구체적으로 구분한다면 그 의미가 미세하게 다르지만, 목표든 비전이든, 꿈이든 이 셋은 우리의 삶을 현재에 머무르게 하지 않는다는 점에서 동일한 성격을 갖는다.

다시 내비게이션의 비유로 돌아오자. 내비게이션에서 도착지(목표)를 설정하면, 현재의 위치가 자동으로 뜬다. 이윽고 내비게이션은 목표 지점에 도달할 수 있는 다양한 선택지를 제시한다. 선택지로서 가장 빠르게 가는 길, 톨게이트 사용료를 내지 않고 무료로 갈 수 있는 길, 큰 도로를 우선으로 해서 가는 길 등 여러 루트가 주어진다. 어떤 길을 선택하든 내비게이션을 따라 가다 보면 결국에는 목표한 지점에 도착할 수 있다. 다만 어떤 경로를 선택하느냐에 따라 도착지까지 가는 길목에서 경험하게 되는 내용들은 모두 다를 수밖에 없다.

아무리 길이 험하더라도 빠르게 가는 것이 중요하다면 가장 빠른 경로를 선택하면 된다. 시간이 조금 더 걸린다고 하더라도 돈을 아끼고 싶다면 톨게이트를 지나지 않는 경로를 선택하면 된다. 운전을 하면서 창밖으로 아름다운 풍경을 감상하고 싶다면 고속도로 대신 국도나 해안도로를 따라 달릴 수도 있다.

이처럼 동일한 목표를 추구한다고 하더라도, 내가 목표에 이르기 위해 어떤 방법을 선택하느냐에 따라서 경험할 수 있는 내용은 판이하게 달라진다. 여기에서 같은 목적지를 가더라도 어떻게 갈 것인지에 관한 선택이 내가 추구하는 삶의 가치와 연결된다.

18세 이상을 위한 가치 탐색 방법

그렇다면 내가 추구하는 삶의 가치는 어떻게 알 수 있을까? 내 삶의 가치를 찾기 위한 재미난 방법 하나를 소개해보겠다. 바로, 허심탄회하게 이야기를 나눌 수 있는 사람에게 영화 데이트를 제안해보는 것이다. 함께 볼 영화는 우베르토 파솔리니Uberto Pasolini 감독의 〈스틸 라이프〉이다.

주인공 존 메이는 고독사한 사람들의 장례를 치러주고 그들의 유품을 정리해주는 일을 22년간 도맡아온 런던의 공무원이다. 누군가는 꼭 해야 하지만, 썩 유쾌할 수 없는 일을 하고 있지만 자신의 일을 성실하게, 열심히 한다. 메이는 유품을 정리하면서 고인의 가족이나 지인의 연락처를 발견해내고 이들을 고인의 장례식에 초대한다. 그리고 이들에게 고인이 어떤 사람이었는지 집요하게 질문한다. 그러고 나서는 송덕문(고인의 공덕을 기리어 지은 글)을 지어서, 망자의 마지막이 외롭지 않게 보내준다.

이 영화를 보다 보면, 내가 이 세상을 떠나게 되었을 때 사람들이 나의 무엇을 기억해주기를 바라는가에 관해 자연스레 생각하게 된다. 더불어서 어떤 삶을 살 것인가에 대한 진지한 성찰을 하게 된다. 자, 영화를 다 보았는가? 그렇다면 함께 영화를 본 파트너와 아래의 세 가지 질문을 화두로 깊은 대화를 나누어보자.

[첫 번째 질문]
"오늘, 당신에게 가장 소중한 것은 무엇인가?"

미국 스탠퍼드대 경영대학원에 입학하기 위해서 제출하는 에세이의 주제는 지난 수십 년간 한결같다. 바로 '자신에게 소중한 것'이 무엇인지 묻는 것이라고 한다. 다시 말해 삶에서 가장 귀하게 생각하는 가치가 무엇인지 묻는 것이다. 대학원에 진학해 더 많은 공부를 하는 것은 시간과 돈을 들이는 일일 뿐만 아니라 미래를 위해 현재의 커리어를 잠시 쉬고 인생에서 더 큰 투자를 하는 행위이다. 그런 맥락에서, 대학원 입학을 희망하는 사람에게 '당신은 어떤 가치를 실현하기 위해 혹은 어떤 소중한 것을 지켜나가기 위해 공부를 하는 것인가요'라고 묻는 것은 상당히 근본적이고도 좋은 질문이라고 생각한다.

꼭 대학원 진학이 아니더라도, 우리는 살면서 중요한 의사결정을 해야 하는 순간들을 종종 맞이한다. 결혼이나 취업, 이직이나 퇴사 결정 등이 대표적인 예이다. 그럴 때 흔들리지 않고 굳건하게 의사 결정을 할 수 있는 힘은 내가 삶에서 무엇을 소중하게 생각하는지 아는 데에서 비롯된다.

[두 번째 질문]
"30년 후 내가, 지금의 나를 만난다면 어떤 이야기를 해줄까?"

프랑스의 작가 기욤 뮈소가 쓴 소설 『당신, 거기 있어줄래요?』는 마법의 약을 먹은 주인공이 과거로 시간 여행을 하면서 벌어지는 러브 스토리이다. 주인공 엘리엇은 사랑하는 연인의 죽음을 막기 위해 30년 전 과거의 자신을 만난다.

소설 속 주인공 엘리엇처럼 만일 30년 후 자신이 현재의 나를 만난다면 어떤 이야기를 해주고 싶을지 떠올리다 보면, 지금의 내 삶을 다르게 바라볼 수 있는 관점이 생길 것이다. 지금 이 순간 내 눈앞에서 벌어지는 일이 세상의 전부인 것 같아도, 커다란 시간의 흐름 속에서 지금 이 순간을 조망하면 내가 지금 겪는 일들이 아무것도 아닌 것처럼 보이기도 한다. 어쩌면 지금 벌어지는 일은 내 인생

전체를 두고 보았을 때, 그다지 중요하지 않은 일일지도 모른다. 커다란 시간의 흐름 속에서 지금의 나를 살펴보자. 어쩌면 지금 당장의 어려움이나 곤란으로 인해 이 순간을 있는 그대로 즐기지 못한다거나, 괴로운 감정에 사로잡혀 있는 당신 자신을 발견하게 될지도 모른다.

[세 번째 질문]
"나는 어떤 사람으로 기억되기를 바라는가?"

사실 이 질문은 경영학의 아버지라고 불리는 미국의 경영학자 피터 드러커Peter Drucker가 자신의 인생을 바꾼 7가지 지적 경험 중 하나로 꼽는 질문이기도 하다. 드러커는 젊은 시절, 부친의 오랜 친구였던 경제학자 조지프 슘페터Joseph Schumpeter를 만나러 아버지와 함께 병문안 간 적이 있다고 한다. 슘페터와 격의 없는 대화를 나누던 도중, 드러커의 아버지는 슘페터에게 이런 질문을 던졌다. "자네는 아직도 자네가 죽은 후 어떤 사람으로 기억되길 바라는지를 말하고 다니는가?" 슘페터는 서른 살 무렵, 누군가가 던진 이 질문에 "유럽 미녀들의 최고 연인, 유럽 최고의 승마인, 그다음으로 세계 최고의 경제학자로 기억되기 바란다"라고 대답하여 세간의 관심을 모은 바 있었다. 예순이 훌쩍 넘어 같은 질문을 다시 받은 슘페터는 이번에는 이렇게 대답했다고 한다.

"나는 대여섯 명의 우수한 학생을 일류 경제학자로 키운 교사로 기억되길 바라네. 이제 나도 책이나 이론으로 기억되는 것만으로는 충분하지 않다는 것을 알 만한 나이가 되었어. 진정 사람의 삶을 변화시킬 수 없는 책이나 이론이라면 아무런 소용이 없지 않겠나."

이 말을 남기고 닷새 후 슘페터는 세상을 떠났다고 한다. 이때의 경험은 피터 드러커에게 3가지 배움을 선사했다고 한다. 첫째는, 우리는 자신이 어떤 사람으로 기억되기를 바라는지에 대해 스스로 질문해야 한다는 것이다. 두 번째는, 늙어가면서 이 질문에 대한 대답도 성숙해져야 한다는 것이다. 마지막으로는 꼭 기억해야만 하는 가치가 있다면, 그것은 바로 살아가는 동안 다른 사람의 삶에 변화를 일으킬 수 있어야 한다는 것이다.

일은 결국 가치를 지켜나가는 도구

앞의 3가지 질문을 스스로에게 던지면서 찾아본 내 인생의 가치를 다음에 나오는 단어들로 표현해볼 수 있겠는가? 긴 이야기는 기억하기도 어렵고 쉽게 휘발된다. 하나의 단어로 내 인생의 가치를 정리해본다면, 나만의 가치를 좀 더 명확하게 이해하는 데 도움이 될 것이다.

▌가치 단어

가족	개선	건강	공평성
공헌	관용	권력	균형
기쁨	다양성	도전	독립성
명성	모험	번영	봉사
성공	성장	성취	승리
신앙	안전	안정	영향력
예술	우정	의무	인내
인정	자기계발	자신감	자연
재미	전통	정의	정직
조화	존경	존중	즐거움
지식	지위	지혜	질서
창조성	청렴	충성	평안
풍요	혁신	협동	화목

※출처: 〈Universal values〉를 참고해 워디랩스에서 재정리.

- _____

- _____

- _____

긍정심리학의 아버지라 불리는 미국의 심리학자 마틴 셀리그만

Martin Seligman은 '가치를 지키며 살아가고 삶의 의미를 느끼는 것'을 인간의 행복에 영향을 미치는 대표적인 속성 중 하나로 강조했다. 우리 삶의 많은 부분을 차지하는 일에서 자신이 중요하게 생각하는 가치를 존중받고, 더 나아가서 그 가치를 성장시킬 수 있다면 우리의 삶은 보다 '의미 있게 일하는 삶'에 가까워진다.

우리는 자신이 중요하게 생각하는 가치와 엇나가는 일을 할 때, 뭔가 잘못되어가고 있다고 느낀다. '정직'을 무엇보다도 소중하게 생각하는 사람이, 영업을 위해서 어쩔 수 없이 거짓말을 해야 하는 상황을 마주했다고 치자. 그는 '성취'를 우선순위 가치로 여기는 사람보다 훨씬 높은 가치 갈등을 겪을 수밖에 없다. 만약 자연과의 공존이 중요한 가치인 사람이 포장용 비닐을 만드는 회사에서 매일 수천 톤의 잠재적 쓰레기를 만드는 일을 한다면 그의 삶은 어떠하겠는가?

대다수 한국인들은 일이 자신의 가치를 지켜나가는 수단이 될 수 있음을 교육받지 못했다. 오히려 자신이 중요하게 생각하는 가치보다 사회에서 우선하는 가치를 쟁취해야만 성공한 삶을 살 수 있다고 여기는 환경에서 성장했다. 좋은 학벌, 대기업 입사, 강남의 아파트는 대다수의 사람들이 원하는 목표이자 추구하는 가치가 되어버렸다. 이것들을 추구하지 않거나, 추구는 하지만 이루지 못한 삶은 그저 그런 인생으로 치부당하기도 한다.

하지만 우리의 삶은 얼마나 짧은가? 유한한 삶을 살아가는 동안, 자신이 추구하고자 하는 가치를 제대로 알지 못하거나 혹은 추구하는 가치와는 무관한 일을 해나가는 삶은 얼마나 아까운가?

일은 내 인생의 가치를 지켜나가는 도구가 되어야 한다. 이와 같은 전제를 통해 우리는 일을 새로운 관점으로 바라볼 수 있게 된다. 일이 가치를 지켜나가는 도구가 될 때, 우리는 어떤 일을 하든지 그 일에 나만의 의미를 부여할 수 있게 된다. 더불어 보다 더 다양한 시도를 하고, 더 많은 사람과 협업할 수 있다. 무엇보다 우리는 전 생애에 걸쳐 워크디자이너로 살아가면서 일로 만나는 새로운 삶을 풍요롭게 누릴 수 있게 된다.

#Seed_ Summary

- 경험을 어떻게 기억하는가에 따라 내 삶의 이야깃거리가 달라진다.
- 쓸모없는 경험이란 없으며, 경험의 재해석 방법인 4E(Experience > Event > Effort > Earning)를 통해 자신만의 라이프 포트폴리오를 만들어가야 한다.
- 경험의 패턴을 파악하는 과정에서 자신의 강점이 드러난다. 강점은 우리의 일과 일상의 삶에서 빈번히 활용되어야만 한다.
  (강점으로 설계하는 월화수목금토일)
- 우리는 이 모든 경험 이해 과정을 통해서 경험 자본을 축적할 수 있고, 이는 삶의 귀중한 방향의 기준인 가치에 투자되어야 한다.
- 결국 일은 그 가치를 실현해내는 도구이다.

일로 만나는 세상

우리는 '일'을 매개로 세상에 자신의 존재를 드러내고, '일'을 통해 사회에서 비로소 자신의 자리를 만들어간다. 그런데 그 자리는 저절로 찾아오지 않는다. 빈자리를 찾아나서거나, 다른 이의 자리를 빼앗거나, 또는 완전히 새로운 자리를 만들어내는 등 각고의 노력과 심리적 에너지를 필요로 한다.

일로 자신의 영역을 만들어가는 사람들

워크디자인에서는 일로 만나는 세상을 '토양'에 비유한다. 씨앗이 싹을 틔우기 위해서는 과연 씨앗이 자랄 만한 토양인지 그 특성을 잘 파악해야 한다. 땅이라고 해서 다 같은 땅이 아니다. 토양의 성분이 산성일 수도, 알칼리성일 수도 있다. 물 빠짐이 잘되는 땅일 수도 있고, 유기물이 풍부한 땅일 수도 있다. 영양분이 많은 땅이라고 해서 씨앗이 무조건 싹을 틔우는 것도 아니다. 씨앗이 발아하기에 충분한 조건이 갖춰지지 않으면, 씨앗은 혹독한 대가를 치르고 만다. 발아 자체가 불가능하거나, 어렵사리 싹을 틔웠다고 해도 자신의 아름다움을 제대로 피워내지 못한 채 그저 생명만 겨우 유지하며 힘없이 살아갈 수도 있다.

모든 씨앗이 자신에게 적절한 토양을 만나 제대로 싹을 틔울 수 있으면 좋으련만, 현실은 우리의 바람을 빗겨나간다. 다만, 이에 대한 대비는 할 수 있다. 내가 가진 씨앗을 잘 발아시킬 수 있는 토양의 특성이 무엇인지 잘 알고 파종을 준비한다면, 발아되지도 않을 땅에 씨앗을 심어버리거나 움트지도 않을 싹을 마냥 기다리는 어리석음을 피할 수 있다. 그렇다면 내가 가진 씨앗을 잘 자라게 해줄 토양을 어떻게 만날 수 있을까?

첫째, 자신에게 적합하다고 생각되는 토양이 무엇인지 잘 탐색해봐야 한다. 이 과정은 첫 번째 워크디자인의 단계인 'Seed'에서 이야기한, 자신에 대한 건강하고 바른 이해를 전제로 한다. 많은 사람이 자신에 대한 깊은 이해 없이, 세상이 좋다고 하면 자신도 따라서 그 토양을 목표로 설정하곤 한다. 그로 인하여 자신이 정말 발 딛고 서 있어야 하는 토양을 잘못 판단해버리는 오류를 범한다. 이는 같은 토양을 욕망하는 다수의 사람들 사이에 과도한 경쟁을 불러일으킨다. 그뿐만 아니라, 막상 어렵게 자리를 차지하고 나서도 진정 자신이 원하는 바가 아니었으므로 오래 버티지 못하고 그 자리에서 나가떨어지게 되는 비극이 발생한다.

둘째, 이미 있던 땅이지만 그 누구도 가지 않았던 땅을 '개척'할 수 있다. 누군가 이미 터를 다진 땅을 찾아 들어가는 것이 아니라, 새로운 분야에서 비즈니스를 시작해보거나 여태껏 없었던 업을 만드는 등 스스로가 새로운 땅의 첫 번째 주인이 되는 방법이다. 새로운 토양을 일군다는 것은 상당히 막막하고 힘든 일이다. 그러나 도전 정신을 가지고 나아가다 보면, 자신에게 가장 적합할 뿐만 아니라 경제적·심리적 보상도 높은 땅을 찾을 가능성이 가장 큰 방법이다.

셋째, 거친 땅이나 버려둔 땅을 쓸모 있는 땅으로 만드는 '개간'을 할 수도 있다. 지금 당신이 서 있는 그곳이 바로 개간의 대상이 될 수 있을지도 모른다. 개간이란, 싹을 제대로 틔울 수 없으리라고 포기한 땅에 거름을 듬뿍 주고, 커다란 돌덩이들을 제거해줘서 좋은 땅으로 재생시키는 작업을 의미한다. 우리는 개간을 통해 사실은 충분히 좋은 토양임에도 불구하고, 인정받지 못하거나 평가 절하된 땅의 가치를 새롭게 발견할 수 있다. 지금 내가 발 딛고 서 있는 토양을 새로운 시선으로 바라보고, 좋은 토양으로 만들기 위한 노력을 들이다 보면 그곳을 쓸모 있는 토양으로 전환시킬 수 있다.

자, 그러면 자신만의 토양을 새롭게 찾아내거나 개척하고 개간한 사람들의 구체적인 사례를 살펴보도록 하자.

[찾다_ 왜 그동안 몰랐을까? 노량진 시장의 정배 씨]

정배 씨는 80년대, 충남 부여에서 대장간을 운영했다. 그는 아버지로부터 전수받은 대장장이 기술을 열심히 연마한 결과, 쇠로 만드는 물건이라면 무엇이든지 꽤 잘 만들 수 있는 실력을 갖게 되었다. 정배 씨의 실력 덕분에 대장간도 호황이었다. 그러나 80년대 이후 기계를 활용한 농업 기술이 보급되고, 값싼 중국산 농기구가 수입되면서 정배 씨의 대장간을 찾는 사람들은 점차 줄어들었다. 수요가 줄어들자 정배 씨는 더 이상 대장간에서 물건만 만들고 앉아 있을 수 없었다.

그는 생계를 위해서 부여를 떠나 한동안 장돌뱅이 생활을 했다. 그동안 만든 물건들을 작은 1톤 트럭에 싣고 전국의 5일장, 7일장을 떠돌았다. 그렇게 전국을 누비며 시장 사람들을 만나다 보니 정배 씨는 사람들이 더 이상 농기구를 구입하지 않는 현실을 대장간에 있을 때보다 훨씬 더 통렬하게 깨달았다. 반면에 어느 장터에서건 좋은 칼을 찾는 사람들은 꼭 있었다. '농기구 제작은 이제 완전히 접고, 칼을 제대로 만들어 파는 게 낫겠구먼.' 무엇을 할지 구체적으로 정하고 나니, 정배 씨 눈에 또 다른 새로운 사실이 들어왔다. 시장 상인들이 칼질하는 모습을 유심히 관찰해보니, 무엇을 써느냐에 따라서 칼의 모양이 조금씩 달랐다. 정육점에서 쓰는 칼과 생선가게에서 쓰는 칼, 채소가게와 과일가게에서 쓰는 칼이 모두 달랐다. '음, 칼도 쓰임에 따라 다양하게 맞춤으로 만들어야겠구먼.' 무엇을 어떻게 만들어 팔지에 관해 뚜렷한 계획이 세워지니, 정배 씨는 이제 다시 장돌뱅이 생활을 접고 한곳에 정착해야겠다는 생각이 들었다. 정배 씨는 대한민국 지도를 펼쳤다. '어디 보자. 가게를 어디에 두어야 하나⋯ 옳거니! 여기로구나!'

정배 씨가 선택한 곳은 바로 '노량진 수산시장'이었다. 매일 새벽마다

노량진 수산시장에는 각 산지에서 잡아들인 해산물들이 속속 도착해 손질을 기다리고 있었다. 베테랑 생선 장수들은 빠르고 능숙하게 생선을 손질했다. 이들에게 칼은 매우 중요한 도구였다. 그뿐만이 아니었다. 이른 새벽부터 좋은 횟감을 찾아 직접 장을 보러 오는 일식 요리사들도 눈에 띄었다. 이들은 그 누구보다 날렵한 칼 솜씨로 회를 뜨는 장인들이다. 노량진 수산시장에 모이는 사람들이야말로 좋은 칼의 가치를 알아볼 줄 아는 안목을 지닌 사람들이었다. 정배 씨의 확실한 고객임에 틀림없었다.

정배 씨는 우선 시장의 한 귀퉁이에 작은 자리를 빌려서 칼을 갈아주는 일을 하며 자신의 존재를 알렸다. '칼 갈아드립니다! 한 번 가는 데 단돈 천 원!' 부담 없는 가격을 보고 시장 상인들은 정배 씨에게 칼 손질을 맡겼다. 장인정신으로 대장간을 운영했던 정배 씨의 솜씨는 칼 가는 작은 일에서도 빛을 발했다. 정배 씨의 서비스는 시장 안에서 점차 입소문이 나기 시작했다. 시장 상인들은 횟감을 사러 온 단골 요리사에게 자연스럽게 정배 씨를 소개해주기도 했다. 고객들의 반응을 통해 자신이 제공하는 서비스의 품질과 수요에 자신감을 얻은 정배 씨는 대장간 경력을 살려 이번에는 맞춤형 칼을 제작하여 판매하는 일에 도전했다. 그동안에는 일본산 횟감용 칼을 쓰던 일식 요리사들도, 정배 씨의 칼을 한번 써본 뒤에는 그의 평생 단골이 되었다. 정배 씨는 이제 국내에서 프리미엄 칼을 수작업으로 제작하는 손꼽히는 '칼의 장인'으로 인정받고 있는 중이다.

[개척하다_ 워킹맘으로 살던 지영 씨, 쉰에 뉴요커가 되다]

지영 씨는 대학 졸업과 동시에 결혼했다. 이후, 두 명의 아이를 낳고 기르는 동안 전업주부 생활을 했다. 그런데 큰아이가 초등학교 2학년, 작은아이가 유치원을 다닐 무렵 그녀 안에서 '일을 시작하고 싶다'라는 열정이 불타올랐다. 학부 시절 인테리어 디자인을 전공한 까닭에 전공을 살린 일을 하고 싶기도 했지만, 당장에 인테리어 사업을 벌일 엄두가 나지 않았다. 그러던 차에 아이들을 키우는 동안 종종 작은 소품이나 문구를 살 일이 있을 때마다 이것들을 좀 더 예쁘게 디자인해서 팔면 좋지 않을까 생각했던 기억이 떠올랐다. 이를테면 달력이나 컵 받침, 종이로 만든 공예장식품 같은 것들 말이다.

지영 씨는 사업이 무엇인지는 전혀 알지 못했지만, 오히려 그 덕분에 용감하게 새로운 일을 시작할 수 있었다. 가장 처음 제작한 물건은 달력이었다. 평소에 지영 씨가 좋아하던 작가님을 지인으로부터 소개받아 그분의 시와 그림 작품을 넣은 달력을 제작해보기로 했다. 첫 제품치고는 반응이 꽤 괜찮았기에 용기를 내어 같은 작가님의 작품을 벽시계와 컵에 인쇄하여 판매했다. 그렇게 1년 동안 천만 원을 들여 진행한 사업은 5천만 원의 수익을 창출해냈다.

작은 성공에 힘을 얻은 지영 씨는 수익금을 바탕으로 정식으로 사무실을 임대하고, 회사를 설립했다. 회사라고는 했지만 대표인 자신과 도움을 주는 한두 명의 친구들로 구성된 소규모 디자인 업체였다. 작지만 자신의 꿈이 담긴 회사에서 원하는 제품을 하나하나 만들어가며 업계에서 자리를 잡아가던 지영 씨에게 소중한 기회가 찾아왔다. '서울디자인재단'에서 '메종&오브제Maison&Objet'라는 프랑스 파리에서 열리는 세계적인 디자인 전시회에 참가할 수 있는 회사 중 한 곳으로 지영 씨의 회사를 선정했다는 소식이었다. 덕분에 지영 씨의 회사는 해외 진출을 위한 지원을 받을 수 있게 되었다. 지영 씨는 부푼 마음으로 해외 바이어들에게 회사를 소개할 팸플릿과 샘플 등을 만들며 넉 달간 전시회 참여 준비에 매진했다. 그러나 결과는 참담했다. 전시장에서 그녀의 부스를 찾는 해외 바이어와 고객은 많지 않았다. 아니, 거의 없었다. 애써 만들어간 팸플릿과 샘플들은 다 소진도 못 하고 캐리어에 다시 실어야 했다. 설상가상으로 항공사에서는 수하물 무게가 많이 나간다며, 돈을 더 내라고 요구했다. 어차피 한국으로 가져간다 한들 쓰임이 없는 물건들이었다. 지영 씨는 눈물을 흘리며 공항 쓰레기통에 팸플릿과 샘플을 모두 버려야만 했다. 그리고 굳게 다짐했다. 반드시 해외 시장에서 인정받는 제품을 만들어, 오늘과 같은 일은 되풀이하지 않겠노라고 말이다.

그날 이후 지영 씨는 수년의 시간을 들여 더욱 치밀하게 해외 진출을 준비했다. 세계적인 디자인의 흐름을 공부하고, 해외 고객들에게 소구할 수 있는 방향으로 상품의 디자인을 대폭 수정했다. 어느 정도 구사할 줄 알던 영어도 더욱 능숙하게 말할 수 있는 수준이 되기 위해 다시 공부를 시작했다. 지영 씨는 해외 진출 대상 국가를 면밀히 고민한 끝에 미국을 타깃 국가로 설정했다. 미국은 다양한 디자인에 대한 포용력이 넓은 시장이기도 했고, 영어는 지영 씨가 유일하게 구사할 수 있는 제2외국어였기 때문이다.

지영 씨가 한국에서 회사를 운영하며 해외 진출을 모색하는 동안, 두 아이도 어느덧 성장해 모두 대학에 입학했다. 더 이상 엄마의 손을 타지 않는 어른으로 훌쩍 자란 것이다. 지영 씨는 이제 엄마로서의 소임은 다했다는 생각이 들었다. 드디어 벼르고 벼르던 해외 진출의 숙원을 이룰 때가 온 것 같았다. 지영 씨는 한국 회사를 남편에게 넘기고, 홀로 뉴욕으로 떠났다. 뉴욕에서의 첫 6개월은 관련 분야의 사람들을 만나서, 지영 씨 회사에서 생산한 제품에 관한 피드백만 청취했다. 현실 비즈니스 영어의 장벽을 넘어서는 일도 쉽지 않았다. 뉴욕의 살인적인 아파트 렌트비와 생활비 부담도 컸다. 웬만한 거리는 무조건 걸어 다니고, 밥 위에 계란 하나 올린 도시락을 직접 싸 들고 다니며 생활비를 아꼈다. 쉽지 않은 날들이었다.

심리적으로 어려움이 극에 달했을 무렵, 몇 달 전 미팅에서 소개받은 미국의 한 홈쇼핑 회사로부터 연락을 받았다. 미국 유명 방송국에 특별한 제품을 진행자가 직접 소개하고, 판매하는 아침 방송이 있는

데 그곳에서 상품을 팔아보자는 제안이었다. 기적 같은 일이었다. 지영 씨는 가진 역량을 모두 다 동원해서 방송을 준비했다. 결과는 완판 행진으로 증명되었다. 한국에서라면 1년에 걸쳐 판매할 양을 미국에서는 단 40초짜리 방송 한 번으로 모두 다 소진해버렸다. 이 일로 지영 씨는 미국 시장의 가능성을 굳게 확신하게 되었다. 현재 그녀는 미국에서 본격적인 비즈니스를 준비하기 위해 뉴욕에 거주하며 사업을 확장해나가고 있다. 지영 씨 회사의 제품은 뉴욕현대미술관의 아트숍에서도 만날 수 있다.

[개간하다_ 여기만 한 곳이 어디 있어?]

소정 씨는 외국어 교재 전문 출판사에서 십수 년째 일하고 있다. 주변에서는 어떻게 한 직장에서 그렇게 오랜 시간 동안 일할 수 있었는지 자주 묻는다. 그런 질문을 받을 때마다 소정 씨는 스스로가 참 대단하다는 생각이 든다. 그동안 힘들고 괴로워서 그만두고 싶은 적이 한두 번이 아니었지만, 그 모든 시간을 이겨낸 자신이 대견스럽다. 소정 씨는 대학 졸업 후 처음 입사한 직장에서 2년간 일했는데, 회사가 파산하면서 지금의 출판사로 옮기게 되었다.

처음에는 이곳에서 오랫동안 일할 생각이 없었다. 그런데 지금의 회사에서 일하는 동안 소정 씨가 기획한 교재가 큰 인기를 끌고 회사의 매출을 견인하게 되자, 소정 씨는 대표의 커다란 신임을 얻게 되었다. 결혼 후 첫아이를 낳고 육아 문제로 인해 2년간 휴직했지만, 고맙게도 회사는 소정 씨의 자리를 지켜주었다. 그렇게 회사와 소정 씨는 서로 신뢰를 키워갔고, 소정 씨의 회사에 대한 애사심은 일을 할수록 더욱 높아졌다. 출퇴근 시간에 대한 배려와 소정 씨가 자율적으로 업무를 처리할 수 있는 권한이 큰 것도 만족스러웠다. 급여는 높지 않았지만, 동종업계 수준으로 보았을 때 많이 부족하다는 생각은 하지 않았다.

그렇게 팀장이 되고 직급이 높아지니, 소정 씨가 챙겨야 하는 팀원이 많아졌다. 그러던 어느 날 소정 씨는 한 가지 문제를 알게 되었다. 그녀와 함께 일하는 후배 중 한 명이 그녀 앞에서는 조심했지만, 뒤에서는 온갖 안 좋은 회사 욕을 하며 입사한 지 얼마 되지 않은 신입사원들에게도 부정적 기운을 퍼트리고 있다는 사실이었다. 시간이 지나자, 회사 분위기는 더욱 악화되었다. 회사의 방향이나 정책에 관해 설명하면, 다들 납득하지 못하겠다는 표정을 지었다. 직원 복지 차원에서 실시하는 출퇴근 시간 자율제도 급여를 적게 주기 위한 꼼수라고 비꼬았다. 사내 전반에 걸쳐 부정적이고 수동적인 분위기가 가득해서, 일을 의욕적으로 추진하기가 어려워졌다.

상황이 이렇게 흘러가자 소정 씨는 자신의 리더십을 한동안 의심했다. 팀원들을 잘 이끌지 못한다고 자책했고, 어떻게 해야 조직의 분위기를 전환할 수 있을지 고민스러웠다. 리더로서 자신의 역량을 의심하다 보니, 소정 씨의 자존감은 나날이 낮아졌고 급기야 우울증이 찾아와 퇴사를 고민하기에 이르렀다.

하지만 여기에서 끝낼 수는 없었다. 소정 씨는 다시 한번 힘을 내어 마음을 추슬러보고자 노력했다. 다른 업계에서 일하는 대학 동료들의 직장 생활 이야기를 경청해보는 등 일터에 대해 보다 객관적인 관점을 가져보려고 애썼다. 그럴수록 소정 씨네 회사처럼 직원을 배려해주고 좋은 가치를 추구하는 회사가 없다는 생각이 들었다. 긴 방황과 고민 끝에 그녀는 독하게 마음을 다잡았다.

우선 부정적인 분위기를 주도하는 후배를 따로 불러서 대화를 시도했다. 무엇이 불만인지, 왜 그런 생각을 하는지 신중하게 질문했다. 더불어 그녀의 잘못된 행동에 대해서는 엄중하게 질책했다. 평소 소정 씨를 뒤로 한 발 물러나 아무 말도 하지 못하는 무능한 팀장이라고 여겼던 후배는 소정 씨의 단호한 행동에 무척 당황해했고, 몇 달 후 자발적으로 퇴사했다.

이후 소정 씨는 외부 강연 등을 찾아다니며 리더십에 관해 공부했다. 코칭이 리더십을 발휘할 수 있는 좋은 방법이라는 이야기를 듣고서는, 코치 자격증도 취득했다. 리더십을 주제로 한 책도 읽고, 퇴근 후에는 세미나에도 참석했다. 한 발 더 나아가서 경영대학원에 진학해 석사학위도 취득했다. 그녀는 팀의 리더가 되면, 그에 걸맞은 역량을 강화해 조직을 이끄는 새로운 역할을 해야 함을 깨달았다. 지난해 회사는 자회사를 설립하면서 소정 씨를 대표로 선임했다.

앞의 사례에 등장하는 세 사람은 적극적으로 자신의 땅을 찾고, 개척하고, 개간했다. 물론 이들의 워크디자인은 현재진행형이므로 그 성공 여부를 현재 시점에서 판단할 수는 없다. 다만 이들의 사례를 통해, 나에게 맞는 토양을 찾기 위해 내가 할 수 있는 일이 무엇인지에 대한 힌트를 얻을 수 있다. 이들은 책상에 앉아서 궁리하는 데 그치지 않았다. 현장을 발로 뛰고, 관찰하며, 사람들을 만나 정보를 얻었다. 끊임없이 공부했다. 정배 씨는 수년간 전국의 장터를 돌며 자신의 능력을 발휘할 수 있는 시장이 어디일지를 관찰했다. 지영 씨는 오랜 시간 동안 해외 시장 진출을 준비했다. 소정 씨는 현재 자신이 일하고 있는 회사를 어떻게 개선하면 좋을지, 그리고 자신이 가진 역량을 어떻게 변화시켜야 할지 지속적으로 관찰하고 공부했다. 무엇보다 이들에게는 다음을 향해 발을 내딛는 '용기'가 있었다.

이제 우리는 당신이 앞에서 언급한 세 사람처럼 자신에게 맞는 토양을 탐색하고자 할 때, 구체적으로 할 수 있는 활동 과정들에 관해 소개하고자 한다. 물론 이 방법들을 이해하고 실제로 실행해보는 데 걸리는 시간은 개인의 상황에 따라 다를 수 있음을 염두에 두자.

우선, 첫 번째 단계는 자신의 땅을 벗어나서 생각해보는 관점 운동의 단계이다. 생각이 유연하지 않은 상태에서 정보부터 모으게 되면, 보고 싶은 것만 보거나 듣고 싶은 것만 듣게 될 우려가 있다. 따라서 무엇보다 자신이 지금까지 살면서 축적해온 준거 기준을 의도적으로 벗어나보려는 연습이 선행돼야 한다. '나의 일을 이렇게도 볼 수 있고, 저렇게도 볼 수 있겠구나!'라는 생각이 들 때가, 바로 나에게 맞는 토양을 찾을 수 있는 적기이다.

그런데 현실의 우리는 회사를 그만두었거나, 하던 사업이 망했거나, 취직도 못 한 채로 졸업을 해야 해서 일하는 사람으로서 당장에 적을 두고 있는 곳이 없을 경우, 마음의 여유를 가지고 새로운 일터를 탐색하기보다는 심리적으로 조급해하기 십상이다. 그래서 나와 맞지 않은 일터를 새로운 일터로 성급히 결정해버리곤 한다. 하지만 성급한 마음으로 한 결정은 언제나 큰 실수를 불러온다.

인간의 정서는 행동에 지대한 영향을 미치는데, 특히 부정적 정서는 위협과 불안함을 동반하기 때문에 세상을 바라보는 시야를 좁게 만들어버린다. 또한 도전이 가능한 범위를 축소시키기도 한다. 반면에 긍정적인 정서 상태에서는 생각이 확장되고 가능성이 열려서 다양한 활로를 모색하게 된다. 기분이 좋을 때와 나쁠 때, 내가 길을 어떻게 걷는지를 떠올리면 이해가 쉽다. 기분이 울적하거나 처지면 우리는 주변 풍경을 보고 싶지도 않고, 쳐다볼 겨를도 없다.

고개를 푹 숙이고 바닥만 보며 정처 없이 걸어간다. 그러다가 주변을 살피지 못해 누군가와 부딪히거나 사고가 나기도 한다. 반면에 기분이 좋을 때는 어떠한가? 오감으로 세상을 느끼며 신나게 걷는다. 길가의 꽃과 나무가 비로소 내 눈에 들어온다. 주변을 두리번거리며 눈앞의 변화를 민첩하게 인지하기 때문에 멀리서 달려오는 자전거도 안전하게 피하게 된다.

세상을 바라보는 관점이 유연해졌다면 이제 **두 번째 단계는 본격적으로 자신이 일하고자 하는 분야를 리서치해보는 단계이다.** 리서치를 하는 구체적인 방법에 대해서는 이 책의 뒷부분에서 안내할 것이다. **마지막 단계는 내가 일하고자 하는 분야에서 만나게 될 사람(고객)들에 관해 살펴보는 단계이다.** 두 번째 단계가 거시적인 관점을 필요로 한다면, 세 번째 단계는 미시적인 관점에서 나에게 적절한 토양을 살펴보는 단계라고 할 수 있다.

Step 01
벗어나기, 그리고 다시 바라보기

우리는 대부분의 경우, 자신의 씨앗을 잘 싹 틔울 토양을 결정할 때, 즉 '어디에서 일할 것인가'를 결정할 때 생각보다 협소한 선택지 안에서 결론을 내린다. 그동안 자신이 보고 들은 몇 되지 않는 선택지만을 가능한 옵션의 전부로 여기는 것이다. 이는 어린아이들에게 장래희망을 물어보면 '선생님', '대통령', '경찰관'이라고 대답하는 것과 비슷한 맥락에서 이루어지는 일이다. 어린아이들은 무궁무진한 직업의 세계를 아직 잘 모르기 때문에 자신이 일상생활이나 TV에서 본 뻔한 직업을 이야기할 줄밖에 모른다. 이처럼 경험과 토양에 대한 이해는 비례한다.

그렇다면 어른이라고 해서 인간이 할 수 있는 일의 영역에 대해 모두 잘 알고 있을까? 그렇지 않다. 세상사에 관심이 없고, 관찰력이 떨어진다면, 어른이라고 한들 자신이 어떤 일터에서 일을 해야 자기답게 피어날 수 있는지 잘 모른다. 오히려 나이를 먹을수록 생각의 유연성이 떨어져서, 자신의 편견과 고집을 내려놓기가 쉽지 않다.

하지만 이렇게 한정된 선택지 안에서만 머무르게 되면 자신의 가능성을 확장시킬 수 없다. 스스로의 가능성을 더욱 넓히고 성장하고 싶다면, 지금 서 있는 땅을 벗어나 더 넓은 땅을 모색해야 한다. 프랑스의 철학자 질 들뢰즈Gilles Deleuze가 주장한 '탈영토화'의 개념을 여기에 적용해볼 수 있겠다. 건축가이자 철학자인 황철호는 이 개념을 '자신의 영토를 벗어나서 세상을 경험하고 굳어짐에 저항하는 자세를 가진 태도'라고 재해석한 바 있다.

대표적인 탈영토화의 방법에는 가보지 않은 곳을 가보는 것, 해보지 않은 것을 해보는 것, 영화나 소설을 통해 내가 살아보지 않은 사람의 삶을 살아보는 것 등이 있다. 우리는 이와 같은 일련의 행동을 '벗어나기' 연습이라고 지칭하겠다.

가보지 않은 곳을 가보는 것

입사를 희망한다거나, 꼭 입사하고 싶은 것은 아니지만 일하고 싶은 분야에서 지켜봄직한 회사가 있다면 직접 찾아가보자. 회사가 아니더라도, 해당 분야의 일을 하는 사람들이 많이 찾을 것으로 짐작되는 장소를 찾아가 그곳에 온 사람들을 구경도 하고, 그들이 어떤 이야기를 나누는지도 귀 기울여보자. 좀 더 노력해본다면 해당 분야에서 일하고 있는 사람을 만나 이야기를 나눠볼 수도 있다. 당장에 가고 싶은 곳도 없고, 내가 무엇을 원하는지도 모르겠다고 하더라도 우선은 밖으로 나가자. 집 안에서 스마트폰을 만지작댈 시간에, 밖으로 나가서 내가 겪을 수 있는 경험의 가짓수를 늘리는 편이 낫다.

우리가 듣는 모든 것은 의견일 뿐 사실이 아니며,
우리가 보는 모든 것은 관점일 뿐 진실이 아니다.
Everything we hear is an opinion, not a fact.

Everything we see is a perspective, not the truth.

– 마르쿠스 아우렐리우스^{Marcus Aurelius}

로마의 황제이자 철학자인 마르쿠스 아우렐리우스가 말했다고 알려진 위의 문장은 '잘 본다는 것'에 대한 깊은 통찰을 던져준다. 그의 말처럼 우리가 보고 듣는 내용들은 그저 한 개인의 의견이자 관점일 뿐, 사실도 진실도 아닐 가능성이 크다. 따라서 무슨 일이든지 간에 함부로 판단하거나 평가하는 행동은 자제해야 한다. 우리는 일상에서 "난 저게 좋아. 이건 좀 별로인데" 혹은 "난 저게 싫어" 하는 식의 판단하는 언어를 자주 쓴다. 그런데 세상을 탐색할 때는 판단을 하기보다는 '있는 그대로' 바라보는 시선이 중요하다.

세상에서 벌어지는 모든 생각의 대립은 옳은 의견과 옳은 의견의 대결이다. 한 개인, 그리고 그가 속한 사회가 추구하는 가치와 경험에 따라 무엇이 좀 더 옳고, 무엇이 좀 더 그른지 구분하는 것일 뿐, 사실 세상의 모든 생각은 저마다의 기준에서 모두 옳다. '누구나 옳다'라는 관점은 섣부른 판단을 저지한다. 세상을 있는 그대로 잘 파악하기 위해서 우리는 최대한 판단을 유보하고 많은 정보를 흡수해야 한다.

해보지 않은 것을 해보는 것

현재 조직에 소속돼 있거나, 현재 자신의 상황에서 특별한 이유 없이 벗어나고픈 욕구가 솟아오를 때 시도해보면 좋은 방법이다. 일을 하다 보면 어느 순간 내가 하는 일의 패턴에 익숙해져버리곤 한다. 이때 우리는 자신이 속한 토양에서 더는 발전이 없다는 느낌을 받는다. 실제로 더 이상 배울 점이 없을 수도 있다. 하지만 내가 느끼는 그 감정이 진짜인지 '팩트 체크'를 해서 정확하게 현 상황을 파악해야 한다.

팩트 체크 방법은 간단하다. 기존에 자신이 내렸던 가설을 몽땅 써보는 것이다. 회사에 대해서 생각했던 바들, 동료에 대한 자신의 시각, 일에 대한 내 생각, 나에게 주어진 업무에 대한 나의 이해도 등 적을 수 있는 생각들을 모두 써보자.

그다음에 할 일은 그 가설들을 검증하는 것이다. 검증의 방법도 어렵지 않다. 기존의 방식대로 일을 처리하지 말고, 무조건 다르게 시도해보는 것이다. 그렇게 했을 때도 여전히 같은 결론에 도달하는지, 아니면 새로운 전환이 일어났는지 살펴본다.

살아보지 않은 삶을 살아보는 것

'벗어나기'의 마지막 방법은 타인의 삶을 살아보는 것이다. 인간에게는 '공감'이라는 엄청난 정서적 능력이 있다. 공감은 타인이 처한 상황과 감정을 이해할 수 있는 역량이다. 공감 능력이 큰 사람은 상대방에게 깊이 감정이입하여 타인의 입장을 잘 헤아린다.

영화나 드라마를 보거나, 책을 읽는 것은 타인의 삶을 간접 체험하는 가장 쉬운 방법이자 탁월한 방법이다. 이때 기존에 보지 않았던 장르, 읽어보지 않은 작가의 작품, 내가 한 번도 가보지 못한 나라를 배경으로 삼은 작품을 의도적으로 선택해서 볼 것을 권한다. 이를 통해 나와는 전혀 다른 환경에서 살아가는 인물들의 삶을 짧게라도 간접 경험해보자.

영국의 철학자이자 『공감하는 능력』의 저자인 로먼 크르즈나릭 Roman Krznaric은 공감의 중요성에 대해 여러 차례 강조하며, 사람들의 공감 능력을 향상시키기 위한 사회운동을 활발히 펼쳐나가는 중이다. 그는 현대사회에 만연한 자기 몰입적인 개인주의의 편협함과 그로 인해 발생하는 각종 사회문제를 지적하면서, 이를 바로잡을 수 있는 치료제로서 공감을 이야기한다. 크르즈나릭은 공감을 통해 자기 밖으로 나가 타인의 시각에서 그들의 삶을 탐구할 때, 우리는 비로소 '내가 누구인지', '어떻게 살아갈 것인지'를 알아낼 수 있다고 주장했다. 공감, 그리고 타인에 대한 이해는 나를 더 깊게 이해하게 해주는 거울이다.

가는 것과 되는 것

땅의 속성은 겉으로만 보아서는 알 수가 없다. 따라서 새로운 땅에 심은 씨앗이 성공적으로 싹트고 자랄지는 그 누구도 섣불리 장담하기 어렵다. 새로운 땅을 찾아 나선 행동이 늘 성공적인 결과를 보장하지는 않는다. 많은 사람이 변화를 위한 행동을 주저하는 이유이다. 그러나 자신이 가진 씨앗과 분명히 잘 맞지 않는 토양이라는 사실을 알았음에도 불구하고, 현 상태를 유지할 수밖에 없는 갖은 이유를 들어가며 건설적인 변화를 모색하지 않는 자신을 합리화하는 것은, 자신의 가능성을 존중하지 않는 태도에 불과하다.

'새로운 데 가봐야 별것 없어.'
'사는 게 다 거기서 거기지.'
'그 회사가 그 회사 아니겠어.'

지금 자신이 일하고 있는 터전을 변화시키면, 좋든 싫든 의도했든 의도하지 않았든 이때까지와는 전혀 다른 경험을 할 수밖에 없다. 모든 사람의 인생은 보편적이면서도 특수하다. 회사 역시 마찬가지이다. 모든 조직은 보편적으로 유사하게 운영되지만, 개별적으로 저마다의 특색이 있다. 이 회사와 저 회사는 다르다. 따라서 '여기나 저기나 비슷하다'라는 논리를 들어서 새로운 경험을 하고, 일하는 환경을 변화시킬 수 있는 가능성을 원천적으로 차단하고 부정하는 일은 경계해야 한다.

앞서 우리는 워크디자인의 1단계 'Seed'에서 자신을 구체적으로 탐색하여 스스로가 어떤 사람인지 잘 이해하는 것이 중요하다고 이야기한 바 있다. 하지만 나 자신에 대한 이해에서 머물러 있기만 해서는 안 된다. 물론 커다란 가능성과 가치를 품고 있는 씨앗은 그 자체로도 소중한 존재이다. 하지만 이 씨앗이 제대로 싹을 틔우고 나무가 되어 열매를 맺기 위해서는 제대로 된 토양을 만나야만 한다. 이처럼 씨앗과 토양이 서로 합을 맞춰 커다란 나무로 성장해나가는 일련의 과정은 길고 지난한 인고의 시간을 필요로 한다.

미국의 임상심리학자인 데이비드 리코David Richo의 저서 『사랑이 두려움을 만날 때』에 이런 내용이 있다. 그에 따르면 어른이 된 우리에게는 두 가지 임무가 있다고 한다. 바로 **가는 것과 되는 것**To go and to be이다. 성숙을 위한 첫 번째 임무는 도전, 공포, 위험, 그리고 어려움에도 불구하고 가는 것이다. 두 번째 임무는 그것을 인정받건 그렇지 않건 간에 단호하게 자신이 가는 길을 일정 시간 묵묵히 견뎌보는 것이다.

Step 02
내가 쓰는 산업 보고서

'벗어나기' 연습을 통해, 세상을 바라보는 당신의 눈이 조금은 유연해졌을지도 모르겠다. 이 연습이 앞으로 이어질, 조금 어려운 과제를 충분히 해낼 수 있는 준비운동이 되었으리라고 믿는다. 다음 단계에서 할 일은 당신의 씨앗이 성장하기를 희망하는 토양 즉, 당신이 관심을 갖고 있는 분야를 구체적으로 조사하여 정리해보는 일이다. 우리는 이 단계에서의 활동을 '스스로 작성해보는 산업 보고서'라고 부르겠다. 이름 그대로, 내가 일하고 싶은 분야에 대해 면밀히 조사해서 해당 분야에 대한 나만의 관찰일지를 작성해야 할 것이다. 누군가에게 보고하기 위해 쓰는 딱딱한 보고서가 아니다. 내가 좋아서 쓰는, 내가 필요해서 쓰는 나만의 비밀 관찰일지이다. 자, 이제부터 다음의 안내를 따라 나의 진로와 미래를 위해 쓰일, 그 어디에서도 구할 수 없는 귀한 보물지도를 만들어보자.

우선 조사의 범위를 정해야 한다. 업종에 관해 조사할 수도 있고, 회사를 알아볼 수도 있다. 업무에 관해 조사할 수도 있다. 이 역시 정해진 규칙은 없다. 현재 자신의 상황에 따라 유연하게 조정하면 된다. 예를 들어 유통업 분야로의 취업을 준비 중이라면, '유통업'이라는 업종을 탐색해볼 수 있다. 이직을 결심했다면, 평소 관심을 갖고 있었던 A사라는 특정 회사에 관해 알아볼 수 있다. 조직 이동의 문제라기보다는 업무의 변화를 고민 중이라면 '마케팅', '영업', '회계' 등 업무 영역을 중심으로 조사하면 된다.

창업을 준비하는 경우라면, 진입하고자 하는 시장을 다각적으로 탐색해보자. 당장에 변화를 도모할 생각은 없지만 자신의 현 상태를 되돌아보고자 한다면, 자신이 발 딛고 있는 일터를 들여다보며 그곳에 대해 조사를 해보는 것도 좋은 방법이다.

여러 사람들의 워크디자인을 돕다 보면 'Soil' 단계에서 이런 질문을 종종 받곤 한다. "이 시장을 들여다보는 게 맞을까요? 저 시장을 들여다보는 게 맞을까요?" 우리가 건넬 수 있는 최선의 대답은, 내가 조사해야 할 시장이 어디인지를 (그것도 남의 힘을 빌려서) 미리 확정 지으려고 힘쓸 필요가 없다는 사실이다. 왜냐하면 그 누구도 어떤 씨앗에게 어떤 토양이 최적화된 곳인지 미리부터 점칠 수는 없기 때문이다. 예측하기보다는 스스로 경험의 데이터를 쌓아야 한다. 일단 단 한 번이라도 내가 새롭게 자리하길 원하는 곳에 대해 면밀히 조사해보자. 그리하여 그곳에서 내가 싹을 틔울 수 있을지 살펴보자. 이런 경험이 거듭되면 나의 가능성을 꽃피울 제2, 제3의 장소는 어디일지 더욱 잘 찾아낼 힘이 생긴다.

자, 이제 다음의 4가지 항목(시장의 현재, 이해관계자, 위협 또는 기회(장애), 미래)을 구체적으로 적어나가면서 시장조사를 시작해보자.

이때 줄글이나 긴 문장보다는, 키워드로 간략하게 정리해보자.

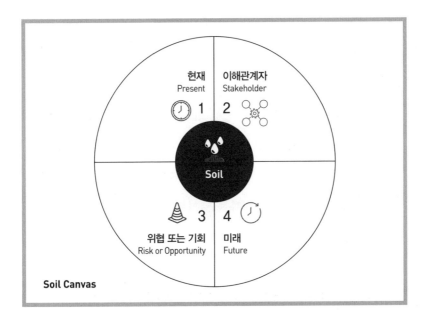

Soil Canvas

1. 현재(Present): 시장의 현재는 어떠한가?

키워드 규모, 매출, 뉴스, 현황, 시장의 선구자와 실패자, 시장의
현재 플레이어 등 현재 시장을 이해할 수 있는 지표들

시장의 현재를 이해하는 것은 매우 중요하다. 신문, 기업의 공식
홈페이지, 각종 시장 분석 보고서 등을 두루 살펴보다 보면 반복적
으로 눈에 띄는 키워드가 분명 있을 것이다. 시장의 현재를 읽는 한

가지 긴요한 방법이 있다. 바로 증권사가 분석해놓은 리포트를 챙겨 읽는 것이다. 증권사 리포트는 주식을 하지 않는 사람들은 지나치기 쉬운 보고서이지만, 기업의 주가 변동을 예측하기 위해 기업 운영과 관련된 지표와 기업의 실제 실적을 거의 망라하여 분석해놓은 자료이다. 게다가 3개월, 6개월 단위로 분석하고 있기 때문에 내용의 현재성도 있는 편이다.

업무 자체에 대해 파악하고자 한다면, 관련 분야에 종사하는 인물의 인터뷰를 읽어보자. 단, 한 사람의 인터뷰만 볼 것이 아니라, 적어도 세 사람 이상의 인터뷰를 읽어본 뒤 공통적인 부분을 추려 보도록 하자.

2. 이해관계자(Stakeholder): 시장의 이해관계자는 누구인가?

키워드 거래처 및 연관 기업이나 정부 기관, 의사결정자, 투자자 등 해당 시장에 얽혀 있는 이해관계자들

시장의 이해관계자를 파악하는 것은 시장의 현재와 미래, 시장이 처한 어려움 등 다른 섹션들을 제대로 이해하기 위해 꼭 알아두어야만 하는 중요한 요소이다. 이때 이해관계자는 사람이 아닐 수도 있다. 가령 온라인 쇼핑몰 시장에 관심이 있어서 이 시장에 대한 조사를 시작했다고 치자. 이때 온라인 쇼핑몰에서 옷을 사는 고객

이나 쇼핑몰에 옷을 납품할 도매상인 등만이 이해관계자가 아니다. 온라인 쇼핑몰이 입점한 플랫폼 회사, 쇼핑몰을 홍보해주는 외주 마케팅 회사, 온라인 쇼핑몰의 수수료 정책, 배송 및 택배업체 등 거래처를 비롯해서 사업을 하면서 염두에 둬야 할 각종 제도도 이해관계자에 포함된다. 이해관계자들의 입장과 맥락을 읽을 수 있다면, 진출하고자 하는 분야의 흥망성쇠를 민첩하게 파악할 수 있는 자신만의 관점이 만들어진다.

3. 위험 또는 기회(Risk or Opportunity): 시장이 처한 어려움 혹은 시장에 존재하는 기회는 무엇인가?

키워드 시장의 리스크가 될 만한 요인, 불안한 지표 및 상황, 현재의 리스크가 해소되지 못하면 닥칠 수 있는 문제적 상황들

시장의 현재와 이해관계자를 파악하고 나면, 시장에 부정적인 관점이 생길 수 있다. 이 부정적인 관점은 기회가 될 수도 있고, 위협이 될 수도 있다. 이때 기회인지 위협인지 섣부르게 판단을 내리기보다는 시장을 객관적으로 관망하며 조금 더 담백한 태도로 키워드를 추려보도록 하자. 다수의 관점, 일반적인 추세에 따라 시장을 바라보면, 진짜 숨어 있는 기회를 보지 못할 수도 있다. 즉, 시장의 위험 혹은 시장의 기회를 바라보는 관점은 최대한 유연한 편이 좋다.

긍정의 가능성과 부정의 가능성을 모두 포괄하여 살피면서 판단은 보류하는 것이 핵심이다.

4. 미래(Future): 시장의 미래는 어떻게 될까?

키워드 인구 변화, 산업 전망, 향후 트렌드 등 시장의 미래를 예측하고 이해하도록 돕는 지표들

시장의 미래는 그 누구도 알 수 없다. 그러나 보고서의 작성자로서 시장의 미래에 대한 의견은 필요하다. 앞선 3가지 항목들은 가능한 한 객관적인 정보 위주로 작성해야 하지만, 시장의 미래에 관한 키워드는 다소 주관적이어도 상관없다. 자신의 주관적 판단 아래 시장을 예측해보는 것은 상당히 의미 있는 행위이다. 시장의 미래는 부정적으로 해석될 수도 있고, 긍정적으로 해석될 수도 있다. 어떤 방향으로 결론이 내려지든, 스스로 시장을 조사하고 분석해서 예측까지 이르렀다는 사실에 큰 의미가 있음을 기억하자.

키워드나 짧은 문구 중심으로 'Soil 캔버스'를 가볍게 채워보았다면, 이제 그 내용을 주변 사람들에게 말로 설명해보는 숙제가 남았다. 타인에게 자신이 조사한 내용을 말로 설명하다 보면, 그 내용이 한결 더 정리가 잘 된다. 또한 어떤 부분이 부족한지도 깨닫게 된

다. 상대방이 당신의 설명을 다 듣고 난 뒤에는 그로부터 피드백을 받아보자. 이를 통해 당신이 조사한 내용은 더욱 나은 방향으로 업데이트된다. 내가 관심을 가진 분야에 대해 조사해보고 그것을 주제로 이야기를 나누는 과정은 그 자체로 에너지를 선사한다. 그 과정을 통과하는 동안 내가 새롭게 도전해보고자 하는 일의 영역이 나에게 여전히 가슴 설레는 흥분과 성공의 기회를 선사하는 영역으로 느껴지는지 점검해보자.

Step 03
고객을 알아보는 법

스스로 산업 보고서를 작성하는 단계를 거쳐 여기까지 왔다면, 당신은 이미 큰 고개를 하나 넘은 것과 마찬가지이다. 지금까지 애쓴 자신을 크게 격려하도록 하자. 앞으로 이어져야 하는 작업은 내가 발견해낸 토양에서 나는 '누구'와 함께 일을 해나가야 하는지, 또 '어떤 사람들'에게 영향을 미치고 싶은지 생각해보는 일이다. 우리는 이 대상을 '고객'이라는 단어로 정의하기로 했다.

'나의 고객은 누구인가?' 사실 이 질문은 이 책에서 우리가 당신에게 묻기 훨씬 이전부터 강조되었던 질문이다. 바로 경영학의 아버지, 피터 드러커가 오래전부터 기업가들에게 던진 질문이었다.

워크디자인을 위해 우리를 찾은 사람들은 이 질문을 받고 난 뒤, 대부분 고개를 갸우뚱거렸다. 이를테면 이런 식의 반응을 보이곤 했던 것이다. "저는 직장인인데요?", "우리 회사의 고객을 말씀하시는 건가요?", "저는 고객을 직접 만나면서 일하고 있지 않아요." 정말 많은 사람이 고객이 누구인지 생각해보는 질문을 마케팅이나 영업과 같은 특정 업무를 담당하는 사람들이나 창업가들의 몫으로만 여기곤 한다.

만일 '고객'이라는 단어가 어색하고 불편하다면, 이렇게 살짝 바꿔서 생각해보자. **'내 일에 영향을 받는 사람은 누구인가?'** 우리 모두는 어디에서 어떤 일을 하고 있든지 간에 내가 하는 일이나 그 일의 결과물로 누군가에게 영향을 미친다. 그것은 좋은 영향일 수도, 나쁜 영향일 수도 있다. 영향을 미치지 않는 일은 세상에 존재하지 않는다. 이는 일이 가진 고유의 본질적인 속성이다. 그렇게 내가 하는 일에 영향을 받는 사람을 나의 고객이라고 칭해보자. 고객을 정의 내릴 줄 알고 매우 구체적으로 상상할 수 있어야만, 내가 일할 터전의 한 축을 제대로 이해할 수 있다.

고객을 찾는 것을 '이상형'에 비유해보자. 결혼은 하고 싶지만, 아직 마음에 드는 짝을 찾지 못해 외로워하는 사람들에게 "당신의 짝은 어디에 있으며, 누구인가요?"라고 물어보면 흔쾌히 답하는 사람도 물론 있겠지만, 어떤 사람은 우물쭈물하기 십상이다. 이상형은 내 머릿속에서만 존재하는 대상일 뿐, 현실에서 만나보지는 못했기 때문에 정확히 말하기 어려운 것이다. 하지만 모호한 질문일수록 구체적으로 답이 나올 때까지 치열하게 고민해야 한다. 그래야 현실화시킬 수 있다.

내가 만나고 싶은 고객도 이상형을 찾을 때와 같은 관점에서 찾을 수 있다. 아직 만나지는 못했지만, 분명 언젠가 만날 수 있으리라는 믿음으로 가상의 고객을 상상해보고, 현실에서 그 고객을 찾아낼 준비를 해야 한다. 나의 짝이 어디선가 나를 기다리고 있는 것처럼, 미래의 나의 고객도 지금 어디에선가 나의 서비스를 기다리고 있을 것이다. 우리가 고객을 상상하듯, 고객도 우리가 세상에 내놓을 그 일을 기다리고 있다.

"내 고객은 어디에 있으며, 과연 누구인가?"

이들 가운데에는 내가 이미 얼굴을 아는 사람도 있고, 얼굴을 모르는 사람도 존재한다. 그렇다면 다음의 질문이 자연스럽게 흘러나와야 옳다. "그 많은 사람들을 어떻게 전부 다 떠올리라는 말인가요?"

우리가 일을 하면서 만나게 되는 고객의 범위는 두 그룹으로 구분이 가능하다. 첫 번째 그룹은 제품을 이용하거나 서비스를 받는 고객이다. 이 책에서는 이 그룹의 고객을 '최종 고객'이라고 부르 도록 하겠다. 사전적인 의미의 고객이 이 그룹에 속한다. 매장에서 고객에게 물건을 팔거나 서비스를 제공하는 분들, 혹은 상품 판매 와 서비스 이용을 촉진하고자 이들에게 영업을 하는 직군에 종사 하는 분들은 매일 현장에서 이 첫 번째 그룹에 속하는 고객을 만 난다.

반면에 이들 고객을 직접 만나지 않는 직군도 있다. 가령 같은 핸 드폰 회사에서 일한다고 할지라도 매장에서 판매를 담당하는 사람 과는 달리, 핸드폰 소프트웨어를 연구 개발하는 직군에 있는 사람 은 실질적인 고객을 매일 만나며 일하지 않는다. 그런 경우 연구 자 료를 통해, 또는 자신의 직관을 발휘해 고객을 상상해나가며 최종 상품인 핸드폰을 만들 수밖에 없다.

우리가 일을 하면서 만나게 되는 두 번째 그룹의 고객은 앞서 이 야기한 첫 번째 그룹의 고객을 만족시키기 위해 함께 일을 해나가 야 하는 사람들이다. 쉽게 말하자면 상사, 동료, 유관부서나 거래처 사람들을 의미한다. 우리는 이들과 상호 협조하면서 일을 추진해 나아간다. 이 책에서는 이 그룹의 고객을 '지원 고객'이라고 부르도 록 하겠다.

이를테면, 회사에는 인사 담당 부서나 총무 담당 부서가 존재한다. 이들 부서는 주로 상품을 제작하거나 서비스 제공을 담당하는 부서를 지원하는 업무를 한다. 이들 지원 부서에서 일하는 직원들에게는 사내 직원들이 곧 그들의 고객이다.

무슨 일을 하건 어디에서나 최종 고객과 지원 고객이 존재한다. 프리랜서 작가를 예로 들어보자. 그의 글을 읽는 독자는 최종 고객이다. 그가 한 권의 책을 펴내기까지 함께 일하는 출판사 직원들은 일종의 지원 고객이다.

그런데 우리는 종종 내 눈앞에 보이지 않는 고객의 존재를 잊어버리곤 한다. 그러고는 자신이 고객이라고 여기는 사람만 섬기는 어리석음을 범하고 만다. 우리는 당장 내 눈앞에 없더라도 분명 어딘가에 존재하고 있을 나의 고객을 떠올리며 일해야 한다.

다음은 고객을 떠올릴 수 있게 도와주는 몇 가지 질문이다.

- 내가 하는 일은 누구에게 영향을 미치고 있는가?
- 이 일을 하는 데 있어서 영향을 주고받는 지원 고객은 누구인가?
- 미래에 나는 어떤 사람에게 영향을 미치고 싶은가?
- 내가 인지하지 못했던 고객은 누구인가?

만일 지금 일을 쉬고 있는 상태라고 할지라도 이 질문은 중요하다. 일로 만나고자 하는 고객이 누구인지를 파악하는 작업은, 앞으로 내가 어떤 식으로 워크디자인을 해나갈지에 대한 방향성을 제시한다.

드라마 작가가 되어 고객의 얼굴 그려보기

그다음으로 던져야 하는 질문은 '나는 그 고객을 과연 얼마나 알고 있는가'라는 질문이다. 고객을 잘 알고 있다고 생각해도, 사실은 내 생각보다 두루뭉술하게 대강 알고 있는 경우가 많다. 고객을 구체적으로 알지 못하면 고객이 정말 원하는 제품이나 서비스를 제공할 수 없다. **나의 고객을 모르면서 내가 하는 일을 이해하고 있다고 볼 수는 없다.** 자신이 만날 **고객에 대한 이해가 없으면, 내가 해당 분야에서 뿌리를 잘 내리고 성장할 수 있을지 여부도 제대로 판단할 수 없다.**

지금부터 다음에 안내되는 방법으로 고객에 대한 생각을 구체화시켜보자. 내가 현재 일로 만나는 고객 또는 내가 미래에 만나게 될 고객의 프로필을 작성해보면서 말이다. 스스로를 드라마 작가라고 가정하면, 이 작업이 꽤나 재미있을 것이다. 핵심은 아주 현실감 있고, 구체적으로 고객을 들여다보는 데 있다. 마치 드라마 속 주인공의 캐릭터를 구상하듯이 고객의 이름, 나이, 성별, 직업, 연봉, 라이프 스타일, 성격, 특이사항 등을 기재해본다. 그/그녀는 하루를 어떻게 보내는 사람인지, 누구로부터 영향을 받고 있는지, 일상에서 그/그녀를 힘들게 하는 일은 무엇인지, 어떤 희망과 꿈을 꾸고 있는지 등에 대해서도 생각해본다.

이 작업을 할 때 유의할 사항은, 내가 오롯이 그/그녀의 입장이 돼서 1인칭으로 생각해야 한다는 점이다. 이 부분은 앞에서 '공감에 관해 설명한 페이지를 참조하도록 하자.

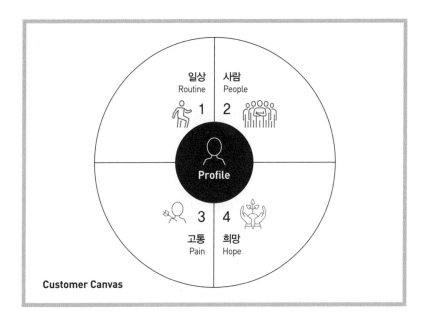

프로필(Profile)

나이, 성별, 거주지, 직업, 연봉, 성격, 라이프 스타일 등 고객의 프로필을 구체적으로 상상해서 가상의 존재에 생명력을 부여해본다. 이때 고객은 이미 내가 알고 있는 현실의 사람일 수도 있고, 만나고자 하는 미래의 사람일 수도 있다. 현실의 사람을 고객으로 구체화하고 싶다면, 그/그녀와 관련된 정보를 좀 더 모아본다. 한 번도 만난 적이 없는 사람이라면, 상상력을 발휘하여 정말 현실에서 내가 만나볼 법한 사람의 프로필을 작성해야 한다. 예를 들어, '30대 여성'을 타깃 고객으로 염두에 두고 있다면, 거기에서 중지하지 않고 '35세 정유미 씨'처럼 인격을 부여하고 그 사람만의 특성을 담아 프로필을 만들어보는 것이다. 이를테면, '35세 정유미 씨는 여성이며, 서울 관악구에 거주하고, 학교 교직원으로 일하고 있으며 박사과정을 밟고 있다. 3천만 원의 연봉을 받고 있으며, 아직 미혼이다. 주로 학교-집-요가센터를 오가며, 반려견 한 마리를 키우고 있다'라고 적어보는 식이다. 단, 이 작업이 재미있다고 해서 정말 드라마 작가처럼 현실감이 없는 사람을 그리면 안 된다. 거듭 반복해서 이야기하지만 내 고객이 될 법한 '그 사람'을 상상해내야 한다.

1. 고객의 일상(Routine)

키워드 아침부터 저녁까지 고객이 보냈을 하루를 상상할 때 떠오르는 것들

고객의 입장이 되어 고객의 일상을 상상해보면 그가 보내는 하루를 간접적으로 경험해볼 수 있다. 이때 아주 일상적인 삶의 모습들

을 모두 떠올려본다. 예컨대 이런 질문들을 할 수 있겠다. 몇 시에 출근할까? 아침밥은 먹을까? 어떤 옷을 입고 있을까? 미팅은 몇 번 할까? 전화 통화는 얼마나 할까? 점심은 누구와 먹을까? 아이가 있다면 어떻게 챙길까? 일하면서 가장 많이 하는 말은 뭘까? 저녁에는 어떻게 시간을 보낼까? 잠들기 전에 무엇을 할까? 주말엔 무엇을 할까? 아침부터 저녁, 월요일부터 주말까지의 시간 흐름 속에서 고객이 일상적으로 할 것으로 짐작되는 일련의 일들을 떠올려본다.

2. 영향을 주는 사람들(People)

키워드 가족, 동료, 상사, 거래처, 친구 등 고객의 삶에 영향을 미치는 사람들

고객의 삶에 영향을 미치는 사람들을 상상해본다. 가족 중에서는 누구의 영향을 가장 많이 받을지, 지금 하고 있는 일과 관련해서 관계를 맺고 소통하는 사람들에는 누가 있을지, 그들로부터 어떤 영향을 받고 있을지 떠올려본다. 예컨대 이런 질문들을 할 수 있겠다. 오늘은 누구와 함께했는가? 그 사람으로부터 어떤 이야기를 들었는가? 어떤 말을 주고받았을까? 어떤 조언을 들었을까? 어떤 걱정을 함께 했을까? 그/그녀에게 긍정적인 영향을 주는 사람들에는 누가 있을까? 반대로 부정적인 영향을 주는 사람들에는 누가

있을까? 누구의 눈치를 가장 많이 볼까? 반대로 누구를 가장 편하게 생각할까?

3. 고통과 스트레스(Pain)

키워드 고객이 자신의 일상에서 겪는 어려움이나 스트레스 요소들

고객의 일상과 그에게 영향을 미치는 사람들을 상상해보면서, 과연 고객은 어떤 불편함을 겪을지, 오늘은 어떤 고민으로 힘들어했을지에 관해 생각을 확장해보고, 고객의 상황에 감정을 이입해 공감해보자. 고객의 어려움이 눈에 잘 보이면, 지금 하는 활동을 잘 해내고 있다는 증거이다. 그렇게 고객이 겪는 구체적인 어려움과 고통, 힘든 점을 꼼꼼하게 들여다보자. 이때 고객에게 자신의 감정을 투사하여 내가 겪는 어려움이 키워드로 도출되지 않도록 유의하자.

4. 희망과 비전(Hope)

키워드 고객의 니즈, 고객이 바라는 미래, 고객이 원하는 것, 꿈, 방향성

그렇다면 나의 고객은 어떤 미래를 꿈꿀까? 어떤 욕구가 있을까? 무엇을 이루고 싶을까? 삶의 어려움과 문제들이 있지만, 그것들을

이겨내고 결국에 무엇을 성취하고자 할까? 이와 같은 질문을 던져보고 관련된 키워드를 적어보자. 그렇게 도출해낸 키워드들 중에서 내가 해결해줄 수 있을 만한 것은 없는지 살펴보자.

　미국의 산업디자이너 패트리샤 무어Patricia Moore는 고객을 이해하기 위해 자신의 상황을 극단적으로 고객과 동일하게 만드는 인상적인 모험을 시도한 인물이다. 그녀는 노인들도 쉽고 편하게 사용할 수 있도록 제품을 디자인하기 위해서 1979년부터 무려 3년간, 80대 노인으로 변장한 채 하루하루를 보냈다. 당시 그녀의 나이 스물여섯 살이었다. 그 당시에는 사회 전반적으로 노인을 소비자로 인식하지 못했다. 그런 까닭으로 제품 디자인을 할 때도 노인을 배려한 디자인은 이루어지지 않았다. 그녀는 그 사실을 안타까워했다. 고객을 이해하기 위한 방법에는 관찰이나 설문 조사 등의 기법도 있었지만, 그녀는 그와 같은 방식으로는 고객과 충분히 소통하기 어렵다고 판단했다. 결국 그녀는 스스로 노인의 삶을 직접 경험해보는 방식을 선택했다.

　노인의 모습으로 완벽하게 분장을 마친 무어는 3년간 미국과 캐나다의 아주 작은 마을에서부터 큰 도시까지 총 116개 도시를 돌아다녔다. 그동안 버스, 지하철, 택시, 기차, 비행기 등 다양한 교통수단을 탔고, 카페나 레스토랑에서 외식도 했다. 영화나 연극도 보러

다녔다. 그렇게 다양한 경험을 하면서 그녀는 노인들이 일상생활에서 어떤 불편함을 겪는지 몸으로 깨달았다.

3년간의 절실한 체험 끝에, 그녀는 나이를 불문하고 누구나 편하게 사용할 수 있는 제품들을 디자인해냈다. 계단이 없는 저상형 버스, 바퀴 달린 여행용 가방, 양손잡이용 주방 기구 등이 그녀가 고안해낸 대표적인 디자인이다.

무어의 사례처럼, 누군가의 상황에 공감할 수 있는 가장 확실한 방법은 그 사람이 되어보는 것이다. 내가 한 번이라도 체감했던 불편함과 아픔, 또는 무언가에 대한 필요성을 느꼈던 경험은 고객을 이해하고 고객에게 더 나은 가치를 제공하는 데 강력한 힘으로 작용한다.

그러나 현실에서 모든 사람이 패트리샤 무어처럼 행동할 수는 없다. 다만 머릿속에서라도 공감의 회로를 작동시켜볼 수는 있다. 앞에서 이야기한 작업을 통해 오롯이 고객의 입장이 되어 고객의 삶을 공감해보자. 그리고 나와 고객이 만나는 접점의 상황도 예상해보자. 고객의 행동과 태도, 말이 어떠한 맥락에서 나오게 된 것인지도 천천히 연결해서 생각해보자. 또한 제품 혹은 서비스의 제공자로서 고객에게 어떤 부분이 부족하거나 과했는지에 관해서도 떠올려보자.

#Soil_ Summary

- 일은 한 사람이 사회에서 자신의 자리를 찾아나가는 과정이다. 일을 통해 세상을 만나기 위해서는 자신에게 적합한 땅을 찾아내거나, 개척 또는 개간하는 작업이 필요하다.

- 이를 위해서는 세상을 '잘 보는' 연습이 전제되어야 한다. 이를 위해서 의도적으로 내가 근거로 삼고 있는 프레임에서 벗어나, 가보지 않은 곳을 가보고, 해보지 않은 일을 해보고, 살아보지 않은 삶을 살아보는 연습을 해야 한다.

- 익숙했던 프레임을 벗어나서 세상을 바라보는 연습을 한 뒤에는, 내가 하고 싶은 일을 둘러싼 영역을 객관적으로 탐색하고 조사하여 나만의 산업 보고서를 작성해본다.

- 그 안에서 내가 만나게 될 고객에 대해 상상해본다. 고객의 입장을 깊이 공감하고 이해할 때, 비로소 내가 하고자 하는 일의 방향을 구체화시킬 수 있다.

일로 만들어갈 영향력

여기까지 온 당신은 자신이 가진 가능성 씨앗과 그 가능성을 싹 틔우기에 적합한 토양을 찾아서, 해당 분야에 대해 깊이 이해하고, 그곳에서 만나게 될 고객을 입체적으로 관찰하는 과정을 거쳤다. 이제부터는 본격적으로 싹을 틔우고 키우는 과정에 관해 이야기할 차례이다. 두 원으로 이루어진 다음의 그림은 워크디자인의 3단계를 가장 쉽게 설명해준다.

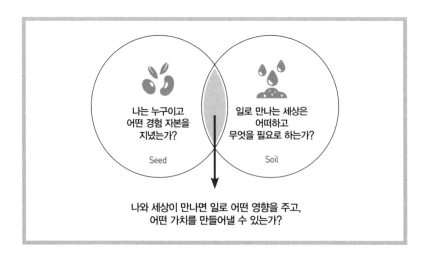

'싹을 틔운다는 것'은 내가 일의 토양 안에서 구체적으로 무엇을 할 수 있는지 파악하고, 그 일을 통해 세상에 영향을 미치는 삶을 설계하는 과정이다. 그럴 수 있기 위해서는 나 자신(씨앗)과 내가 일하고자 하는 환경(토양)을 탐색하는 과정이 필수이다. 거기에서 한 발 더 나아가 나라는 씨앗을 새로운 환경과 연결시키고, 싹을 틔워내기 위한 다양한 실험을 해보아야 한다. 자, 그럼 지금부터 내 안의 가능성을 싹 틔우기 위한 여정을 떠나보자.

워크디자인 방정식, 직업적 창의성

[건설감리사 박 차장]

건설감리사로 이직한 박 차장은, 대기업 건설사 시공팀에서 십수 년 간 다리와 터널 등의 공사를 진행하면서 건설 및 토목 현장 경험을 쌓아왔다. 박 차장은 보다 전문적인 분야에서 경력을 쌓고 싶었던 까 닭에 감리를 전문으로 하는 중소기업으로 이직을 결정했다.

그런데 박 차장이 이직한 직후, 회사에 문제가 발생했다. 전년도의 로비 의혹으로 인해 터널 공사, 지하철 공사 등 박 차장의 회사에서 진행하기로 예정돼 있던 프로젝트들이 모두 일시 중지되었을 뿐만 아니라 엄청난 벌금을 물어야 하는 등 회사의 사정이 급격히 안 좋아 졌다.

박 차장의 일은 현장에 나가야 하는 일이었지만, 이미 마비된 현장에 서 그에게 주어지는 일은 아무것도 없었다. 급작스러운 인사이동과 직원들의 퇴사로 회사는 혼란스러웠다. 이직한 지 얼마 되지 않은 박 차장은 정원 감축의 칼바람은 피했지만, 아무런 일도 하지 못하고 있으면서 월급을 받는 것이 평생을 근면 성실하게 현장을 누빈 그에게는 무척이나 괴로운 일이었다.

사무실에 앉아 있기만 하는 것이 불편하기도 했거니와, **박 차장은 뭐라도 해야겠다는 생각이 들어 주변을 관찰하기 시작했다.** 우선 정리되지 않은 자료와 도면, 설계도들이 너저분하게 흩어져 있는 모습이 눈에 들어왔다. 다음 달 프로젝트를 준비하는 사람들이 바삐 움직이는 모습도 보였다. 함께 일하는 사람들은 대부분 박 차장보다 나이가 많은 편이었는데, 이분들에게 뭐라도 도움이 될 수 있을까 싶어 근처를 어슬렁거리다 보니, 제안서의 스타일이 다소 옛날 방식인 듯했다. 박 차장은 자신이 제안서 양식을 조금 더 세련되게 잘 만들어 볼 수도 있을 것 같았다. "제가 제안서를 업데이트해보겠습니다. 캐드^{CAD}로 현실감 있게 만든 이미지도 추가해서 넣어보겠습니다." 박 차장의 제안에, 사무실 사람들은 안 그래도 일손은 부족하고 시간은 없는데 고맙다면서 그에게 기꺼이 일을 넘겨주었다.

일을 넘겨받은 박 차장은 자신이 회사에 조금이라도 기여하는 바가 있다는 생각이 들어 안심이 되었다. 차츰차츰 사무실 업무에 적응할 무렵, 시공 제안 프레젠테이션에도 동행해 발표하는 기회도 얻게 되었다. 오랫동안 현장 관리 업무를 한 덕분에, 여러 사람들 앞에서 발표하는 일이 박 차장에게는 전혀 어려운 일이 아니었다.

박 차장은 이직 후 1년간 현장에 나갈 일이 없었지만, 사무 업무를 하면서 보여준 태도와 실력 덕분에 회사 안에서 꽤 인정을 받게 되었다. 박 차장은 현장도 잘 알면서 사무 업무도 잘하는, 멀티 플레이어로 거듭났다.

얼마간의 시간이 흘러 회사가 안정을 회복하자, 다시 현장 업무도 돌아가기 시작했다. 그 무렵, 회사의 대표가 조용히 박 차장을 불러 면담했다. 대표는 박 차장에게 연봉과 직급을 높여줄 테니, 이직하지 말고 회사를 위해 1년만 더 일해달라고 요청했다. 안 그래도 사실 이미 세 군데에서 이직 제안이 들어와 있던 상태였다. 박 차장의 배부른 고민이 시작되었다.

[싱크대는 내게 맡겨라, 형오 씨 이야기]

형오 씨는 손재주가 뛰어나 무엇이든 잘 만들었다. 각종 기계 조립부터 모형 제작까지 못 하는 것이 없었다. 형오 씨는 20대 때 건물 모형을 제작하는 회사에 입사했지만, 갑작스럽게 회사가 망해버려서 그의 의지와 상관없이 일자리를 잃었다. 이후 지인의 소개로 캐나다에서 해외 취업을 준비했지만, 투자자 문제가 생겨 일을 더 이상 할 수 없게 되었다. 한국으로 다시 돌아온 형오 씨는 일이 잘 풀리지 않는 신세를 한탄하며 한동안 하는 일 없이 집에서 술만 마시며 폐인의 삶을 이어갔다.

하지만 평생을 그렇게 살 수는 없었다. 형오 씨는 마음을 추스르고 선배가 운영하는 주방가구 공장에서 아르바이트를 시작했다. 타고난 손재주가 있던 형오 씨는 주방가구 제작 기술을 금방 익혔다. **일이 조금씩 익숙해지다 보니, 형오 씨 눈에 작은 틈새시장이 들어왔다. 주방가구 중 일부만 수리하거나 교체하고 싶어 하는 소비자가 꽤 많았던 것이다. 주방가구는 아무래도 물이 많이 닿다 보니 싱크대 주변 같은 경우에는 금방 더러워지기 일쑤였다. 하지만 고객 입장에서 비용 부담 때문에 주방 전체를 바꾸는 것은 쉽지 않았고, 상판 일부만 수리하거나 교체하려는 고객이 대부분이었다.**

하지만 형오 씨가 일했던 회사는 부분 수리 서비스를 하지 않았다. 큰돈이 되지 않았기 때문이다. 형오 씨는 그 일을 자신이 하면 되겠다는 생각이 문득 들었다. "아무리 비용을 적게 받는 수리라고 해도, 그 서비스를 필요로 하는 사람들이 많다면, 돈을 꽤 벌 수 있겠다."

형오 씨는 그렇게 자신의 사업 방향을 결정했다. 이후 자신에게 부분 수리를 맡기는 고객들을 그 누구도 마다하지 않고, 성심을 다해 수리를 했다. 인터넷 블로그도 하나 만들어서 작업 사진을 업로딩하고 홍보했다. 그런데 홍보 포스팅을 올리고 난 다음 날, 거짓말처럼 수리 요청 전화가 세 통이나 걸려왔다. 필요로 하는 고객들은 있었지만, 그 누구도 서비스하지 않아서 수요가 넘치는 시장이었다.

형오 씨의 싱크대 수리 사업은 날이 갈수록 번창했다. 처음에는 부분 수리만 하는 업체로 시작했지만, 그의 성실함과 완벽한 작업 실력에 감탄한 고객들이 전체 수리를 맡기거나 인테리어를 의뢰하는 일도 늘어났다. 현재 형오 씨의 회사는 월 평균 150건의 싱크대 수리를 하고, 월 매출 8천만 원을 넘기는 회사로 성장했다.

위의 두 사례에서 박 차장은 조직에 속해 일했고 형오 씨는 자신의 사업을 운영했다는 차이점이 있지만, 두 사람 모두 자기 일터의 특성을 잘 관찰하여 어떤 불편함과 어떤 가능성이 있는지를 적극적으로 탐색했다는 공통점이 있다. 또한 탐색을 통해 세상에 어떤 서비스가 필요한지 파악하여, 그 니즈를 충족시키기 위해 자신의 역량을 최대한 발휘했다. 덕분에 두 사람은 자신만의 워크디자인으로 멋진 싹을 틔워낼 수 있었다.

우리는 이렇게 자신만의 싹을 틔우는 역량을 '직업적 창의성'이라고 명명하고, 직업적 창의성을 높이는 방법을 다각도로 연구하고 실험했다. 그 결과, 직업적 창의성을 높일 수 있는 일종의 방정식을 도출해낼 수 있었다. 수학 공식을 알고 있으면 어떤 값을 넣어도 답을 풀 수 있는 것처럼, 직업적 창의성을 향상시키는 워크디자인 방정식을 알고 있다면 당신이 어떤 일을 계획하고 있든지 간에 자신만의 싹을 멋지게 틔워낼 수 있을 것이다.

$$\underbrace{\text{A}}_{\substack{\text{(Seed + Soil)} \\ \text{씨앗} \quad \text{토양}}} \times \underbrace{\begin{array}{c}\text{Customer} \\ \text{Values}\end{array}}_{\text{고객에게 줄 수 있는 가치}} = \underset{\text{싹}}{\text{Sprout}}$$

워크디자인 방정식은 간단하다. 씨앗과 토양의 값을 더한 뒤에 고객에게 주는 가치를 곱한다.

위의 방정식에 따르면 앞의 두 과정(Seed, Soil)에는 충실했으나, 고객에게 내가 제공할 수 있는 가치를 발견하지 못하면 그 값은 0이 된다. 그렇게 되면 내가 싹을 틔울 수 있는 확률도 0이 된다. 즉, 나라는 씨앗과 내가 일할 토양에 대한 이해도가 높을수록, 고객에게 제공해줄 수 있는 서비스의 가치가 높을수록, 내가 싹을 틔울 확률도 높아진다. 이제부터는 당신이 고객에게 제공하려고 하는 서비스의 가치를 알아내고, 그 가치를 높이는 방법을 알아보도록 하겠다.

Step 01
고객의 가려움 찾아내기

어린 시절, 아버지는 종종 등 좀 긁어달라는 부탁을 하시곤 했다. 처음에는 등 전체를 그냥 긁어드렸는데, 아버지는 이내 이런 주문을 해오셨다. "오른쪽으로 좀 더. 아니, 거기서 조금 더 위로. 그래, 그렇지 거기다." 그렇게 해서 더듬더듬 찾아낸 '바로 거기!'를 긁어드리면, 아버지는 세상 시원하다는 표정을 짓곤 하셨다. 고객의 니즈를 파악하는 일도 이와 다르지 않다. 처음부터 단번에 고객의 '가려운 부분'을 찾을 수는 없다. 우선은 더듬대며 고객의 니즈를 파악해가는 시행착오를 겪을 수밖에 없다.

레이더를 작동시켜라

앞에서 언급했던 박 차장의 사례를 기억하는가? 사례에서는 구체적으로 언급하지 않았지만, 박 차장도 처음에는 이직한 회사에서 무엇을 필요로 하는지, 어떤 도움을 줄 수 있는지 잘 알지 못했다. 워크디자인 상담을 하면서 들었던 바에 따르면, 박 차장은 제안서 수정 작업을 본격적으로 돕기 전, 정리되지 않은 도면자료들을 잘 정리해서 회사 자료실을 만들어보겠다는 제안을 했었다고 한다. 그런데 그때는 굳이 그럴 필요가 없다며 거절당했다고 한다. 현장 근무가 없었지만, 그래도 현장에 출근해보겠다는 제안도 올렸다고 한다. 그 역시 저지당했다고 이야기했다. 하지만 박 차장은 거기에서 멈추지 않았다. 계속해서 '지금 회사에는 무엇이 필요할까?', '나는 무엇을 할 수 있을까?'에 대해 생각하며, 탐색의 레이더를 끄지 않았다.

박 차장의 이러한 태도는 워크디자인을 잘한다고 평가받는 사람들의 공통된 특징이기도 하다. 이들은 현재 자신이 하고 있는 업무, 소속된 부서나 회사의 상황에 관해 언제나 예민하게 레이더를 가동한다. 그리하여 어떤 문제적 상황이나 맥락에 자신이 투입돼야 할지, 투입되는 기회를 얻었다면 어떻게 기능할지를 끊임없이 살핀다.

창업가들 중에서는 형오 씨와 유사한 경우가 많다. 이들은 부족함이나 아쉬움을 느꼈던 자신의 경험을 발판으로 그것을 해결할 제품이나 서비스를 직접 만들어 세상에 내놓는다. 4S의 세 번째 단계인 'Sprout'에서는 이와 같은 시도들이 이루어진다.

이때 나의 관점이 아니라 '고객의 시선'으로 내가 싹을 틔워나갈 방향성을 냉정히 들여다봐야 한다는 사실을 유념하자. 자신의 문제에만 몰입하게 되면, 자신만의 특수함에서 생겨난 문제를 보편적인 문제로 착각할 소지가 있다. 세상과 제대로 조우할 수 없게 되는 것이다.

이미 앞서 'Soil' 단계에서 '고객을 여러 각도에서 관찰하고, 고객의 입장에서 공감할 것'을 강조한 바 있다. 여기에서 한 발 더 나아가서 고객이 정확히 무엇을 가려워하는지까지도 예리하게 읽어내야만 한다. 다음에 나오는 질문이 이를 잘 파악할 수 있도록 돕는다.

[고객의 가려움을 탐색할 때 던질 수 있는 질문]

- 고객은 무엇을 원하며 어떤 삶을 살고 싶어 하는가?
- 내가 그런 고객을 위해 해줄 수 있을 만한 것이 있을까?
- 내가 구체적으로 어떤 도움을 주어야만, 고객이 자신의 어려움을 덜고 목표하는 바를 실현할 수 있을까?

잠깐, 때로는 의심이 필요하다

고객이 가려워하는 부분을 찾아냈다는 확신이 들더라도, 한 번 더 의심해보는 절차가 필요하다. 왜냐하면 '당신이 발견한 고객의 가려움'은 말 그대로 '당신의 판단을 근거로 한 예측'에 불과하기 때문이다. 고객이 진짜 가려워하는 부분이 아닌데, 혼자만의 판단과 믿음에 근거해서 그 부분을 계속 긁어대다 보면, 당신의 워크디자인 전체가 무너질 우려가 있다.

워크디자인의 전 과정에서 공통적으로 강조하는 바는 오픈 마인드로 세상과 현실을 받아들이는 태도이다. 내가 믿고 생각하는 것이 세상의 전부가 아니라는 사실, 나의 판단과 믿음에는 늘 사각지대가 존재할 수밖에 없다는 가능성을 겸허히 받아들이는 자세를 잊지 말도록 하자.

[인수 씨 잠깐만요!]

인수 씨는 인맥이 넓고, 워낙 사람 만나는 것을 좋아해서 주변 사람들을 연결해주는 일을 즐겼다. 그는 사업을 하겠다는 지인이 있으면, 자신의 인맥을 총동원하여 열성적으로 도왔다. 인수 씨는 자신이 하는 일에 큰 의미와 자부심을 느꼈다. 그래서 지금은 회사를 다니고 있지만, 언젠가는 자신의 인맥과 힘으로 사람들을 연결해주는 비즈니스를 하기 위해 짬짬이 사업 아이디어도 구체화하는 중이다.

문제는 인수 씨의 주선으로 미팅 자리에 나온 사람들이 사실은 바빠서 시간 내기 어려운 상황이었음에도 불구하고 인수 씨의 호의를 차마 거절할 수 없어서 그 자리에 나오는 경우가 많았다는 점이었다. 특별한 니즈와 날카로운 접점 없는 만남은 오히려 미팅 참석자들을 어색하고 불편하게 만들었다. 그래서 인수 씨를 통해 소개를 받은 적이 있는 사람들은, 가급적 그다음 만남을 어떻게든 피하려고 했다. 더 큰 문제는 이 사실을 인수 씨 자신은 눈치 채지 못했다는 사실이다. 오히려 인수 씨가 주선하는 미팅 자리를 피하는 주변 사람들에게 사업하는 사람이 사람을 만나려고 들지 않는다며 타박하기까지 했다.

[박 사장님 잠깐만요!]

박 사장은 얼마 전에 카페를 인수받아 운영하기 시작했다. 처음에는 카페를 찾는 손님이 꽤 많았다. 그런데 어느 순간부터 카페는 한산하기만 했다. 박 사장이 기존 카페에서 쓰던 원두와 식자재를 모두 바꾼 것이 원인이었다. 새로 바꾼 원두와 식자재가 기존 손님들의 입맛에 잘 맞지 않았던 것이다.

박 사장은 커피에 대한 애정과 조예가 깊은데다가 유럽식 커피를 워낙 좋아해서 원두도 산미가 강한 것으로 바꾸고, 메뉴도 정통 드립 커피 위주로 변경했다. 그런데 박 사장이 인수한 카페의 기존 고객들은 대부분 아이들을 학원에 데려다주고 나서 잠깐 커피 한잔을 마시며 숨을 돌리는 엄마들로, 우유를 넣은 카페라테나 부드러운 커피를 즐겨 마시는 고객들이었다. 이 고객들에게는 박 사장이 새롭게 변경한 메뉴가 잘 맞지 않았다.

문제는 박 사장의 태도였다. 누가 보아도 장사가 잘 되지 않는 이유가 자명했지만, 박 사장은 손님들이 커피에 대해서 잘 모른다며 안타까워하기만 했다. 손님 중에 누군가가 커피 맛이 왜 이렇게 바뀌었냐고 물으면 커피의 역사에 대해 일장연설을 하려고 드는 바람에, 그나마 호의적이었던 손님들도 그를 불편해하면서 박 사장의 카페를 다시는 찾지 않았다.

주변을 둘러보면 인수 씨와 박 사장처럼 자신이 세상에 꼭 필요한 일을 하고 있다고 굳게 믿고 있지만, 실제로는 고객의 가려움을 제대로 긁어주지 못하거나 때로는 피해를 끼치는 경우를 종종 목격할 수 있다. 이렇게 자신의 생각과 믿음에만 사로잡혀 있는 것은 워크디자인에 큰 독으로 작용한다. 우리가 예측한 고객의 가려움이 진짜인지 아닌지를 끊임없이 피드백 받으며 제대로 된 접점을 찾아가야만 한다. 접점이 명확하다고 할지라도 시간이 흘러 고객의 상황이 바뀌면 고객의 니즈 또한 새롭게 변화한다는 사실도 염두에 두도록 한다. 이 일은 언제나 현재진행형이어야 한다는 사실을 잊지 말자.

[고객의 가려움을 점검하는 질문]

- 내가 파악한 고객의 니즈는 진짜 고객의 니즈인가? 나만의 판단과 믿음은 아닌가?
- 고객의 실제 목소리를 들어보고, 표정을 면밀히 살펴보았는가?
- 고객의 니즈가 변화하고 있지는 않은가?

Step 02
경험이 무기가 되는 순간

고객이 가려워하는 부분을 찾았다면, 이제 본격적으로 그 가려움을 긁어줘야 할 차례가 왔다. 이를 위해서는 워크디자인 1단계 'Seed'에서 탐색한 바 있는, '경험 자본'이 필요하다. 우리는 고객의 문제를 해결하고자 할 때 자신의 경험, 강점, 삶의 가치와 무관하게 남들 하는 방법을 그대로 따라 하기에 급급할 때가 많다. 잘된 사례를 모방한다는 의미의 '벤치마킹'이라는 전문용어가 있을 만큼, 자신의 개성과 경험을 살려 문제를 해결해나가기보다는 어떻게 하면 이미 기존에 존재하는 성공 방식을 더 잘 따라 할 수 있는지 고민하기 십상이다. 일을 할 때도 끊임없이 남과 자신을 비교한다.

우리는 워크디자인 연구소를 운영해오면서 타인의 기준에만 매달려서 자신의 경력과 강점, 자신이 추구하는 삶의 가치와 완전히 무관한 일을 희망하는 사람들, 또는 자신과 일 사이의 연결점을 찾으려는 시도조차 하지 않는 사람들을 무수히 많이 만났다. 이 사람들은 자기 안에 충분히 많은 것들을 가지고 있었음에도 불구하고, 늘 자신의 능력을 과소평가하며 스스로를 부족한 사람이라고 여겼다. 안타까운 일이었다.

이런 안타까운 상황을 벗어나기 위한 유일한 길은 세상 사람들이 필요로 하는 일과 자신이 일적으로 발휘할 수 있는 능력을 연결하기 위해 시도해보는 방법밖에 없다. 그 결과 이 둘의 '**연결이 가능하다는 생각**'이 들었다면, 그 자체만으로도 엄청난 수확이라고 할 수 있다.

냉장고를 부탁해

〈냉장고를 부탁해〉는 프로그램 이름처럼 요리를 의뢰한 사람의 집에 있는 냉장고를 스튜디오로 고스란히 가지고 와서, 두 명의 요리사가 그 안에 있는 식자재들을 활용해 정해진 시간 내에 요리를 만들어 경합하는 프로그램이다. 대한민국에서 내로라하는 유명 셰프들이지만, 한정된 식재료를 바탕으로 제대로 된 요리를 만들어내기란 결코 쉽지 않다. 신기한 것은 그들이 그 어려운 일을 제한된 시간 안에 멋지게 해낸다는 사실이다.

냄비와 팬을 동시에 쓰면서 칼질도 해야 함은 물론이요, 시간이 많이 소요되는 조리법은 사용할 수가 없으니 얼른 다른 조리 아이디어를 생각해내서 비슷한 결과를 만들어내기도 한다. 라면이 근사한 중식으로 둔갑한다거나, 먹다 남은 재료가 요리에서 한몫을 단단히 하며 근사하게 쓰이기도 한다. 덕분에 대부분의 의뢰인들은 셰프들이 만들어낸 요리를 시식한 후에 놀란 입을 쉽게 다물지 못한다.

우리는 이 방송을 보면서 워크디자인에 적용할 수 있는 귀한 깨달음을 한 가지 얻었다. 이 프로그램의 시청 포인트는 냉장고에 든 재료가 무엇이든, 그 재료가 어떤 상태이든지 간에 그것으로 맛있는 음식을 만들어내야 한다는 강력한 동기가 셰프들로 하여금 멋진 결과물을 만들어내게 한다는 사실이다(그것도 제한된 시간 안에!).

워크디자인도 이와 다르지 않다. 내가 가진 경험 자원과 내가 서 있는 토양이 다소 부족하고 불완전하다고 할지라도 이 둘의 상태를 제대로 파악해서 어떻게든 조합하고 연결해보려는 시도를 하다 보면 그 과정에서 고객의 가려운 부분을 시원하게 해줄 수 있는 힘, 일을 잘해낼 수 있는 직업적 창의성의 근육이 단련된다.

지난 수십 년간 연구된 창의성의 핵심은 '기능적 고정성'을 극복하는 것이라고 한다. 기능적 고정성이란 어떤 제품의 기능은 그 제품의 본질적인 기능 외에 다른 기능으로 확장될 가능성이 없다고 여기는 것이다. 세상의 수많은 제품들은 저마다 그것이 만들어진 목적이 있다. 그리고 그 목적에 맞춰 사용된다. 이를테면 오늘 아침에도 당신이 사용했을 칫솔과 치약을 떠올려보자. 기능적 고정성의 관점에서 보자면 칫솔과 치약은 이를 닦을 때만 쓰인다.

하지만 본래의 기능을 벗어나 다른 용도로도 칫솔과 치약을 사용할 수 있다. 잘 닦이지 않는 운동화 밑창을 칫솔로 깨끗이 닦을 수도 있고, 은반지가 변색되었을 때 치약으로 예전의 광택을 되찾을 수도 있다. 심지어 잠이 너무 쏟아져서 곤욕스러울 때 눈 밑에 치약을 발라 잠을 쫓아내거나 치약을 여드름 치료제로 쓰는 사람을 본 적도 있다. 그뿐인가. 헌 칫솔을 재료로 삼아 작품을 만드는 예술가도 존재한다.

이처럼 고정된 기능에서 벗어나면 무궁무진한 쓰임새를 발견할 수 있게 되고, 이것은 곧 창의성과 연결된다. 자, 지금 당신 눈앞에 무엇이 놓여 있는가? 어떤 물건이든 좋다. 의도적으로 이 물건이 내가 알고 있는 기능 외에 얼마나 다양한 역할을 해낼 수 있을지 떠올려보자.

▶ 눈앞의 물건:

▶ 본래의 기능:

▶ 확장된 기능:

A.
_____

_____

B.
_____

_____

C.
_____

_____

D.
_____

_____

E.
_____

_____

물건뿐만 아니라 사람이 하는 일도 마찬가지이다. **자신의 재능, 기술, 지식, 경험이 특정 영역에서만 활용된다고 보지 말고, 그것들이 창의적으로 활용될 수 있는 지점이 없는지 더욱 확장하고 비틀어서 생각해보자.** 전혀 연결성이 없어 보이는 것도 과감하게 연결시켜보면서 어떤 시너지가 날 수 있을지를 떠올려보자.

몇 년 전 커리어를 고민하던 모 중공업 회사의 기술지원팀에서 일하는 사람을 만난 적이 있다. 그는 당시 하던 일이 지독하게도 재미가 없다고 했다. 자신은 어릴 때부터 작가적 재능이 있었던 것 같은데, 지금 하는 일은 그저 돈을 벌기 위해 어쩔 수 없이 하는 일인 것 같다고 푸념했다. 그러나 우리가 보기에 그는 그저 현재 하는 일이 싫었을 뿐이지, 작가로 전향하려는 의지가 있거나 노력을 하지도 않았고, 현실적인 상황도 뒷받침되지 못했다.

우리는 그의 워크디자인을 위해 그가 당시 하고 있던 일을 면밀히 들여다보기로 했다. 그가 일하던 기술지원팀의 업무 중에는 기계에 대한 정보를 현장 업무를 하는 분들께 공유하는 일도 있었다. 우리는 그에게 정보 공유를 무엇으로 하느냐고 물었다. 그는 10쪽 내외의 현장 가이드북을 만들어 보내기도 하고, 때로는 메일로 전달하기도 하는 등 주로 문서 작업을 통해서 정보를 공유한다고 했다. 우리는 그 이야기를 듣고, '글쓰기'라는 키워드를 떠올렸다.

글쓰기를 좋아하고, 한때는 작가를 꿈꾸었던 그가 자신의 작가적 재능을 살려서 하고 있던 일을 보다 재미있게 잘해낼 수 있을 것 같았다. 글을 잘 쓰는 사람이 쓴 현장 가이드북은 그렇지 않은 사람이 제작한 그것에 비하면 뭔가 더 눈을 사로잡는 차별성이 있지 않겠는가? 다만 지금까지 그는 그 일을 자신의 재능을 발휘할 수 있는 일로 여기지 않았던 것뿐이었다.

이 이야기를 코칭 과정 중에 들려주었더니, 그의 눈빛이 잠시 흔들리는 듯하더니 이내 반짝였다. 이후, 그는 우리의 코칭을 바탕으로 사내 현장 가이드북을 다시 제작했다. 그리고 자신이 새롭게 정리한 가이드북 내용을 발판으로 자연스럽게 사내 강사 활동도 하게 되었다. 사내 강의를 하다 보니, 사람들을 가르치기 위해 평소보다 책을 더 많이 읽게 되었고, 그것을 축적하고 싶은 욕구가 생겨 블로그 운영까지 하게 되었다. 그는 블로그를 통해 자신이 평소에 좋아했던 책을 소개하거나 자신의 일상을 나누며 사람들과 소통했다.

자신의 일에 무료함을 느끼던 평범한 직장인이 생각지 못했던 연결고리를 찾아서 자기 안의 재능을 펼치고, 더 나아가서는 자신이 할 수 있는 일의 범위를 조금씩 확장해나가는 모습을 보면서 우리는 무척이나 고무되었다. 우리와 함께 워크디자인 코칭 과정을 밟아나간 사람들이 자기 삶의 워크디자이너로 성장해가는 모습을 보면서 우리 역시 큰 자극을 받았다.

나만의 스타일로 고객의 가려운 부분을 긁어주자

나만의 스타일로 고객의 가려운 부분을 긁어주기 위해서, 우리가 해봄직한 활동은 다음과 같다. 고객의 가려움과 내가 가진 경험 자원을 키워드 형식으로 자유롭게 적어 시각화해보는 것이다. 그다음 고객의 가려움을 해결해줄 수 있을 만한 나의 경험 자원을 어떤 틀에도 구애받지 말고 연결시켜보자. 핵심은 이 두 항목을 최대한 자유롭게 연결시키는 것이다. 즉, 기능적 고정성에 갇히지 말고, 무엇이든지 시도해볼 수 있다고 생각하는 것이 중요하다. 아이디어가 근사하거나 멋있을 필요도 없다. 그런 아이디어들은 그저 멋있다고 감탄한 후에, 현실에서는 쓰이지 못하고 폐기처분되는 경우가 허다하다. 다소 거칠더라도 내가 가진 경험 자원으로 고객의 가려움을 해결해줄 수 있는 현실적인 아이디어에 집중하자.

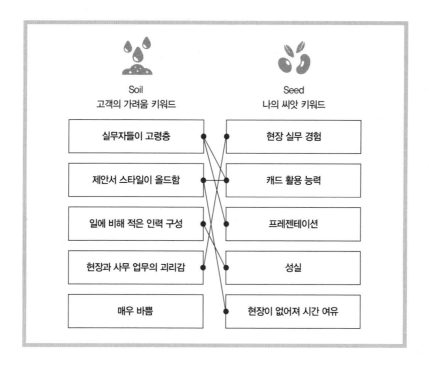

고객의 니즈와 내가 가진 경험 자원을 키워드로 정리한 후, 최대한 자유롭게 연결해보자. 그중에서 그럴듯한 연결고리를 아래의 문장 형식으로 정리해보자.

고객의 _____ 가려움을 나의 _____
으로 풀어보겠다.

워크디자인 프로젝트

위에 적은 문장은 아이디어이자 1차적인 연결이기 때문에, 우리는 이 아이디어를 끊임없이 진화시켜나가야 한다. 그러기 위해서는 자기만의 워크디자인 프로젝트의 이름을 지어보는 것이 좋다. 가능하면 짧고 굵게, 자신의 아이디어를 충분히 담을 수 있는 이름으로 명명해보자.

Work Design Project

[예시] 백수탈출 프로젝트, 샌프란시스코에서 일하기, K's 온라인 숍, A사 이직 등

Step 03
워크디자이너의 실험실

드디어 워크디자인의 '싹'을 틔웠고, 워크디자인 프로젝트의 이름도 지었다. 그런데 이 싹은 아직 아이디어 상태이기 때문에, 앞으로도 잘 성장할 수 있는 싹인지 알기 위해서는 몇 가지 실험을 통해 아이디어를 현실에서 직접 적용해봐야만 한다.

대한민국에서 나고 자란 우리들은 시험 결과로 평가받는 일에 익숙하다. 맞는 것과 틀린 것으로 나누는 셈법에도 익숙하다. 그런 까닭에 이런 평가에 자신을 쉽게 가둬버리기도 한다. 그러나 실험은 자신이 세운 가설이 실제로 들어맞는지를 확인하기 위해 다양한 조건 아래에서 여러 시도를 해보는 활동이다. 실험은 정답을 찾는 과정이 아니다. 우리가 앞에서 일련의 과정을 거쳐 도출해낸 몇 가지 아이디어들은 그저 하나의 가설에 불과하다. 이제 그 가설들을 실험을 통해 검증해보도록 하자.

이 실험의 첫 고객을 찾아라

우선 나의 아이디어를 들어주고, 기꺼이 피드백을 해줄 만한 테스트 고객을 찾아야만 한다. 기존에 하던 일 안에서 새로운 워크디자인을 구상했든, 새로운 사업을 구상했든지 간에 당신이 상상해낸 아이디어를 실제로 경험하고 의견을 건네줄 첫 번째 대상이 필요하다. 그 사람은 당신의 동료일 수도 있고 가족이나 친구일 수도 있다.

경화 씨는 현재 은행원으로 일하고 있지만, 메이크업 아티스트로 사는 삶을 늘 꿈꿔왔다. 사실 지난 5년간 메이크업 아티스트 공부도 해서 자격증도 따고 메이크업 시장에 관한 공부도 하는 등 메이크업 아티스트가 되기 위한 노력을 게을리하지 않았다. 그런데 막상 잘 다니던 은행을 그만두고, 메이크업 아티스트로 일을 시작하려고 준비하다 보니 자신의 실력이 객관적으로 어떤지, 정말 잘할 수 있을지가 걱정되었다. 그때 마침 좋은 기회가 찾아왔다. 회사 후배 중 한 명이 결혼 소식을 전했는데, 이야기를 들어보니 스몰 웨딩으로 치르는 결혼식이라 아직 메이크업을 어떻게 할지 결정하지 못했다는 것이었다. 경화 씨는 용기를 내어 후배에게 자신이 신부 화장을 해주어도 되겠냐고 제안했다. 후배는 경화 씨의 제안을 흔쾌히 받아들였다. 이후 자신감을 얻은 경화 씨는 부업으로 주말에는 메이크업 아티스트로 활동하고 있다.

내가 만든 서비스를 무료로 나누어준다면?

블로그나 뉴스 레터를 통해 자신이 가진 아이디어를 꾸준히 올리거나, 자신이 알고 있는 정보를 세미나나 모임을 통해 나누는 것도 당신의 워크디자인 아이디어를 현실화시키는 좋은 방법이다. 그렇게 하면 자연스럽게 당신의 아이디어에 공감하거나 필요로 하는 고객들을 모을 수 있으며, 이들로부터 피드백도 받을 수 있다.

> 지민 씨는 대형 치과에서 치위생사로 일했다. 연차가 쌓이자, 지민 씨는 상담 업무를 담당하게 되었고, 자연스럽게 고객 응대를 하는 일이 많아졌다. 밑으로 들어오는 후배 직원들이 많아지고 경력도 점점 쌓이게 되자 지민 씨는 자연스럽게 치과 직원들의 서비스 교육을 하게 되는 일이 간헐적으로 생기곤 했다. 직원들을 대상으로 한 강의를 몇 차례 하면서 지민 씨는 사람들 앞에서 말하는 일에 자신감을 얻었고, 강사가 되고 싶다는 꿈이 생겼다.
>
> 지민 씨는 자신의 꿈을 위해 보다 적극적으로 움직였다. 지민 씨는 치위생사들을 대상으로 하는 서비스 응대, 마인드 강화, 기본 외국어 등의 교육 프로그램을 설계해서, 사내 치위생사들을 위한 직원 교육을 무료로 해보겠다고 치과 원장님께 제안했다. 원장님은 일주일에 한 번씩 정기적으로 교육을 진행할 수 있는 장소를 제공해주기로 약속했다. 지민 씨는 그렇게 꾸준히 강의를 하며 사내 강사로 실력을 키워나갔다.

만약 이 서비스를 돈을 받고 팔아본다면?

자신의 아이디어에 조금 자신감이 생겼다면, 이번에는 그 아이디어를 돈을 받고 팔아볼 수 있는 방법을 찾아보자. 돈을 받고 무언가를 한다고 해서, 당장 사업을 시작하라거나 가게를 차리라는 뜻은 아니다. 적은 돈이라도 돈을 받고 서비스를 제공하게 되면, 무료로 서비스를 제공할 때보다 더욱 책임감을 느끼며 서비스를 준비하게 된다. 고객 입장에서도 자신의 지갑에서 돈을 꺼냈기 때문에 보다 냉정한 피드백을 하게 된다. 용기가 어느 정도 필요하지만, 자신의 아이디어가 현실에서 시장 가능성이 있는지를 알아보기 위한 가장 확실한 방법이다.

두 아이의 엄마이자, 주부인 세화 씨는 3년 전 서울의 아파트를 팔고 양평의 전원주택으로 이사를 왔다. 도시에서 줄곧 살았던 그녀였지만, 주택 생활에 익숙해지니 각종 식물과 꽃을 키우고 가꾸는 가드닝이 취미가 되었다. 세화 씨는 가드닝을 시작하고 나서부터 각종 식물에 대한 공부는 물론이고, 자신이 키우는 정원의 식물들을 사진 찍어서 인스타그램에 업로딩했다. 그러자 세화 씨의 라이프 스타일을 응원하는 사람들이 늘어났다.

그리고 얼마 전부터는 세화 씨가 키우는 식물을 혹시 분양 가능한지에 대한 문의도 들어오기 시작했다. 세화 씨도 처음에는 그런 제안들을 웃으면서 넘겼지만, 가만히 생각해보니 집을 벗어나지 않으면서도 아이 둘을 키우며 하기에는 괜찮은 일일 수도 있겠다 싶었다. 이후 세화 씨는 남편의 도움으로 그해 봄부터 마당에 비닐하우스를 만들고, 다양한 품종의 식물들을 본격적으로 키우기 시작했다. 그렇게 키운 식물들을 돈을 받고 팔았다. 처음에는 부담스럽기도 했지만, 돈을 받고 팔겠다고 마음먹으니 사진 촬영도 더 열심히 하게 되고 식물의 수형 관리도 예전보다 더 열심히 하게 되었다. 사람들이 어떤 품종에 더 많은 관심을 가지는지도 알게 되었다. 세화 씨는 요즘 새로운 꿈을 꾼다. 바로, 5년 안에 집 근처의 땅을 더 매입해서, 제대로 된 실내 가드닝 카페를 차리는 것이다.

부업으로 시도해본다면?

부업은 자신의 서비스를 돈을 받고 파는 것보다 조금 더 나아간 단계로, 주업으로 하는 일을 계속하면서도, 주말이나 주중 저녁을 활용해 정기적인 활동을 하며 부수입을 본격적으로 도모해보는 단계이다. 부업으로 시도한 일이 잘 풀리면 본업으로 이어질 수 있는 가능성도 크다.

사진 촬영이 취미인 재희 씨는 지난 5년간 사진과 여행에 관련된 글을 꾸준히 블로그에 올리고 있다. 재희 씨가 봤을 때, 그동안 축적된 콘텐츠에 대한 네티즌들의 반응은 꽤 괜찮은 편이었다. 그래서 처음에 블로그를 운영할 때에는 글을 쓰고 싶을 때만 썼지만, 지금은 홍보를 대행하면서 돈도 받고 있다. 사규에 따르면 이렇게 블로그 홍보를 통해 돈을 버는 일이 불법적인 투잡Two job은 아니기 때문에, 용돈벌이로도 꽤 쏠쏠하다.

그런데 요즘 블로그를 통해 재희 씨에게 촬영을 요청해오는 고객들이 부쩍 늘었다. 스냅사진부터, 결혼식 사진, 제품 사진에 이르기까지 다양하게 요청이 들어온다. 촬영이야 주말을 활용해서 하면 되기 때문에 시간적인 부담은 없는데, 최근 회사에서 부서 이동도 있었고, 그로 인해 업무 스트레스가 늘어났다. 그래서일까. 스트레스를 받으며 회사를 다닐 바에는 차라리 작은 스튜디오를 하나 차려서 글도 쓰고 사진 촬영도 하는 전업 작가로 일하는 것이 어떨까 싶기도 하다. 요즘 재희 씨는 전업 작가로 일하고 있는 친구의 스튜디오를 부쩍 자주 들르곤 한다. 그러다 보니 자연스럽게 협업할 일도 생기고, 덕분에 부업으로 돈도 벌게 되었다. 재희 씨는 조금 더 실력을 키우고, 조금 더 치밀하게 준비한 후에 자신만의 스튜디오를 차려도 되겠다는 확신과 자신감이 더욱 생기기 시작했다.

세상의 어려운 일은 모두 쉬운 일에서 비롯되고,
세상의 큰일은 반드시 작은 일에서 시작된다.

天下難事 必作於易 天下大事 必作於細.

- 노자, 『도덕경道德經』

　어려운 일을 해내려면 쉬운 일부터 시작해야 하고, 큰일을 이루고 싶다고 해도 모든 일의 처음은 언제나 미약하고 작다는 사실을 기억하자. 워크디자인의 싹을 틔우는 일을 어렵게 생각하면 한없이 어렵게만 여겨진다. 그러나 누구도 알아주지 않는 아주 작은 시도라고 할지라도 일단은 실행으로 옮겨보자. 그리고 나면 그 행동으로 인한 작은 변화를 온몸으로 체감하게 될 것이다.

#Sprout_ Summary

- 나와 세상이 만나면 어떤 가치를 만들어낼 수 있을지를 알아가는 과정이 곧 워크디자인의 핵심이다.

  (Seed + Soil) × Customer Values = Sprout
- 내가 일을 통해 해결해줄 수 있는 세상의 니즈가 무엇인지 탐색해야 한다.
- 내가 가진 경험 자원과 고객이 가려워하는 부분을 연결하여 나만의 워크디자인 스타일을 창조해낸다.
- 내가 생각해낸 워크디자인 아이디어가 현실화시킬 수 있는 아이디어인지를 다양한 방법으로 테스트해보자.

실험을 넘어 실현으로

다양한 실험을 통해 성장 가능성에 대한 검증을 마친 '싹'은 강한 줄기로 키워 나가야만 나무가 될 수 있다. 지금까지 'Seed', 'Soil', 'Sprout'의 세 단계를 밟 아온 것도 쉽지 않은 여정이었겠지만, 이 세 단계를 거쳐 싹 틔운 새싹을 줄기 Stem로 키워내지 못하면, 궁극적으로 워크디자인을 완성해내기 어렵다. 이는 앞의 세 단계를 완벽하게 준비했다고 해도, 행동하고 실천하지 않으면 아무런 소용이 없다는 의미이다. 자, 이제 워크디자인의 실현을 위해 시도해볼 만한 구체적인 방법에 대해 들여다볼까.

잔 다르크로 불리던 그녀에게 배운 것

수년 전 일터에서 만난 친구 중에 '잔 다르크'라는 별명을 가진 친구가 있었다. 별명에서 짐작할 수 있듯이, 그 친구는 '행동이 앞선다', '너무 이상적이다'라는 말을 주변에서 많이 들었다. 그러나 그 친구는 회사에서 만난 그 어떤 사람들보다 빠른 속도로 성장했다. 처음에는 그녀의 행동에 고개를 갸웃거리는 일도 많았다. 촘촘한 준비 없이 우선 들이대고 보는 그 거친 열정이 걱정되기도 했다. 그 친구는 비록 완성된 형태는 아닐지라도 일단 자신이 생각한 대로 시도해보고, 끊임없이 주변의 피드백을 받으며 자신의 생각을 수정해나갔다. 때로는 주변에서 혹평을 퍼부어도 거기에 굴하지 않고, 꿋꿋하게 자기 스타일대로 일했다. 그렇게 온몸으로 경험한 모든 배움은 오롯이 그녀의 것이 되었다. 우리 식으로 표현하자면 그녀는 'Seed'-'Soil'-'Sprout'의 과정을 완벽하지 않은 상태로 밟아나갔지만, 거친 아이디어라고 할지라도 끊임없이 현실에서 시도해보며 더 나은 방향으로 업데이트를 해나갔던 것이다.

그 일터에는 그녀와 정반대 성향을 가진 친구도 있었다. 그녀는 매사 확실함을 추구했다. 준비가 되지 않으면 움직이지 않았다. 이직을 준비할 때에도, 새로운 공부를 시작하고자 대학원 진학을 마음먹을 때에도 끊임없이 가장 최선의 선택이 무엇인지 고민했다. 그녀는 아직도 공부를 시작하지 못한 채, 같은 자리에서 계속 같은 고민만 하며 살아가고 있다.

이렇게 극단적으로 대비되는 두 사람을 곁에 두고 보면서 느낀 두 가지 사실이 있다.

첫 번째는 실행하는 자를 그 누구도 이길 수 없다는 사실이다. 아무리 준비된 자라고 할지라도, 용기를 가지고 일단 뛰는 사람은 이길 수 없다. 사실 완벽한 준비라는 것은 세상에 존재하지 않는다. 충분히 돌다리를 두드린 후 강을 건너려다가는 오히려 때를 놓쳐서 강물이 차올라버릴지도 모른다. 그만큼 실행력이 중요하다는 말이다.

두 번째로 실행을 할 때에는 올바른 방향을 잡아줄 가이드가 필요하다. 그 가이드는 말과, 사람, 그리고 배움이다. 이 셋은 필수적이고 유기적으로 작동하기에 무엇 하나만 취사선택할 수는 없다. 나만의 워크디자인 아이디어를 현실에서 실현시키기 위해서는 언어를 통해 설명이 되어야 한다. 그렇게 세상 밖으로 아이디어가 꺼내어지면 그 아이디어에 관심을 갖는 사람들이 생겨난다. 이 사람들로 인해 당신의 워크디자인은 더욱 가속을 밟게 된다. 그렇게 워크디자인을 진화시켜나가는 과정에서 당신은 분명 어려움에 처하기도 할 것이다. 그때 그 어려움을 타개하기 위해서는 배움의 과정이 필요하다. 배움을 통해 당신은 자신의 워크디자인이 갖고 있는 한계를 보완하고 단점을 메워나갈 수 있을 것이며, 이 과정은 당신의 워크디자인을 더 나은 방향으로 이끌어줄 것이다.

Step 01
스토리텔링, 결국은 이야기가 승리한다

당신이 싹 틔운 아이디어는 최대한 많은 사람에게 알려야 한다. 혼자 마음속에 품고 있으면 더 이상 성장할 수 없다. 내 안의 생각으로만 머물러 있으면 나중에 누군가의 성공 스토리를 보면서 '나도 한때 저런 생각을 한 적이 있었는데'라고 혼잣말을 하며 위로 아닌 위로를 던지게 될지 모른다. 빈약한 아이디어라고 할지라도 그것을 커다란 나무로 성장시키고 싶다면 그 아이디어를 입 밖으로 소리 내어 말해보자. 머릿속에 머물러만 있던 아이디어가 이야기의 형태로 외부에 전달되면, 그 이야기를 들은 사람들 중에 누군가는 내가 말한 그 아이디어를 보다 더 현실화시킬 수 있는 사람이나 기술, 지식을 당신에게 소개해줄지도 모른다. 그런 과정을 거쳐 당신의 워크디자인 아이디어는 생명력을 얻게 된다.

말해야만 이루어진다

워크디자인의 아이디어가 싹을 틔웠다면, 최대한 많은 사람에게 그것에 관해 이야기하도록 하자. 그리고 당신의 이야기를 들어준 사람에게 이런 부탁을 꼭 함께해야 한다. "저한테 이런 아이디어가 있어서, 뭔가를 좀 시도해보려고 하는데 혹시 정보가 있을까요?", "혹시 이런 아이디어는 어떻게 생각하세요?"와 같은 질문과 조언을 구하는 사람을 외면할 사람은 많지 않다. 분명 이렇게 답해주는 사람들이 훨씬 더 많을 것이다. "전 잘 모르겠지만, 재미있는 생각이네요. 제 주변에 그와 관련된 일을 하는 사람이 있어요", "혹시, 그 사이트에 들어가 보셨나요? ○○님이 말씀하신 것과 비슷한 스타일을 구현해둔 사이트 같아요." 이렇게 타인의 피드백을 받으면 내가 몰랐던 정보들을 얻을 수 있게 될 뿐만 아니라, 보다 확장된 관점을 가질 수 있게 된다.

또한 내 안에만 머물러 있던 생각을 밖으로 꺼내어 이야기를 하고 나면, 그 아이디어를 성장시키고 싶은 열망이 이전보다 한층 더 강해진다. 그리고 나의 이야기를 들어준 그들을 실망시키고 싶지 않다는 묘한 책임감도 동시에 찾아온다.

> 유통업에 종사했던 주연 씨는 퇴사 후 새로운 일을 찾고 있었다. 그녀는 동남아에서 많이 볼 수 있는 라탄 쟁반이나 바구니 같은 소품을 수입해 인터넷에서 판매해보면 어떨까 싶었다. 평소 인테리어에 관심이 많기도 했고, 인터넷으로 물건을 파는 일을 꼭 한번 해보고 싶었기 때문이다. 주연 씨는 자신의 사업 아이디어를 만나는 사람들마다 이야기했다. 그 과정에서 주연 씨는 지인을 통해 주연 씨가 팔고 싶어 하는 제품을 이미 판매하고 있는 해외 온라인 사이트를 비롯해 해외에서 물건을 수입할 때 유의해야 할 점 등을 알게 되었다. 주연 씨가 물건을 매입하기 위해 떠난 동남아 출장을 따라갔던 친구도 주연 씨의 새로운 사업에 도움이 되는 정보들을 많이 알려줬다. 주연 씨는 SNS 홍보를 전문으로 하는 사람도 소개받아 미팅을 가지고, 어떻게 인스타그램을 활용하여 물건을 홍보하면 좋을지에 대한 팁도 얻었다.

아이디어가 아직 견고하게 다듬어지지 않았다고 생각해서 주변 사람들에게 자신의 아이디어를 이야기하는 것을 불편해하는 사람들도 많다. 실없는 사람처럼 보이고 싶지 않을 수도 있고, 다른 사람들에게 그런 이야기를 해봐야 큰 의미가 없다고 여겨져서 그럴 수도 있다. 그러나 부족하고 빈약한 아이디어일수록, 밖으로 꺼내어 이야기해야만 한다. 그래야 완전해질 수 있다.

워크디자인을 위한 스토리텔링 방법

그렇다고 해서 아무 이야기나 막 던지면 안 된다. 타인의 마음을 움직여서 유의미한 피드백을 받고 나의 아이디어를 바른 방향으로 확장시켜나가고 싶다면, 제대로 된 스토리텔링을 해야 한다. 워크디자인을 위한 스토리텔링에 반드시 들어가야 하는 스토리라인은 다음과 같다.

Story of Work Design

나는 _____(Seed: 경험, 강점, 가치)를 이용해
나의 고객이 될 _____(Soil: 고객층과 핵심니즈)에게
_____(Sprout: 제공, 서비스, 영향)을 줄 것이다.

위의 그림에 나와 있듯이, 자신의 워크디자인 아이디어를 다른 사람에게 이야기할 때에는 앞에서 착실하게 준비해온 3S(Seed, Soil, Sprout)를 적절히 녹여 이야기해야 한다. 하고 싶은 이야기만 해도 안 되고, 맥락 없는 이야기가 되어서도 안 된다. 누가 자신의 고

객이 되었으면 좋겠는지, 자신이 왜 이 서비스를 하려고 하는지, 자신은 어떤 경험과 역량을 갖춘 사람인지를 자연스럽게 이야기하는 '비즈니스 스토리텔링'이 되어야 한다. 앞에서 언급했던 주연 씨가 사람들에게 실제로 어떤 식으로 자신의 이야기를 했는지 들어보자.

"제가 얼마 전에 회사를 그만두고 퇴사 여행으로 태국 북부의 치앙마이 지역에 여행을 다녀왔어요. 그런데, 그곳 시장을 갔더니 너무 예쁜 소품들이 많은 거예요. 그곳에서 파는 인테리어 소품들은 굉장히 친환경적이고, 자연스러운 느낌을 연출하는 라탄이나 우드, 패브릭으로 만들어진 것들이 많더라고요. 한국에서는 쉽게 사기 어려운 것들이었죠.

저는 요즘 새로운 일을 구상 중이에요. 다시 회사에 들어갈 생각은 없고, 제 경력을 살려서 인터넷으로 작은 인테리어 소품을 판매하는 일을 해볼까 해요. 제가 유통 쪽에서 일하는 동안 생활팀 바이어로 일해보기도 했고, 평소에 인테리어에 워낙 관심이 많았거든요.

30대 중반에서 40대의 주부들을 고객으로 생각하고 있는데, 식물 키우는 것도 좋아하고 집 안을 내추럴한 스타일로 꾸미고 싶어 하는 사람들을 위한 아이템을 팔고 싶어요. 한동안 북유럽 스타일 인테리어가 유행이었는데, 이제는 좀 다양한 스타일들이 나와도 되지 않을까요? 좀 더 자연 친화적인 느낌의 동남아 휴양지 같은 분위기를 내려고 하는 사람들에게 필요한 아이템들로 상품 목록을 구성한다면, 분명 구매할 사람들이 있을 거라는 생각이 들더라고요.

게다가 이번에 치앙마이에 다시 가서 공예품들을 살펴보니, 공장에서 제작한 것이 아니라 사람이 일일이 다 수작업으로 만드는 것들이더라고요. 세상에 단 하나밖에 없는 제품들이라서 훨씬 더 의미가 있을 것 같아요. 어떻게 수입하면 좋을지, 수입해온 물건은 어떻게 팔면 좋을지 차근차근 알아갈 것투성이지만, 이제 본격적으로 시작해보려고요."

주연 씨의 이야기를 잘 들어보면, 3단계의 핵심 키워드가 자연스럽게 포함되어 있다.

- Seed: 인테리어에 관심이 있음, 유통업에서 근무한 경험이 있음.
- Soil: 온라인 쇼핑몰 시장, 인테리어 소품 분야, 30~40대 여성 고객, 내추럴한 스타일을 좋아하는 사람들.
- Sprout: 북유럽 스타일의 인테리어에 지겨움을 느끼는 사람들에게 동남아 공예품으로 새로운 인테리어 스타일을 제안하고자 함.

주연 씨의 이야기를 귀 기울여서 들은 사람은 이런 생각을 할 수 있다. 첫째, '주연 씨가 인테리어 관련 비즈니스에 관심이 있구나!'

둘째, '주연 씨의 경험이나 관심사가 지금 하려고 하는 사업에 적합할 수 있겠구나!' 셋째, '내가 뭘 도와줘야 하지?' 또는 '내가 어떤 이야기를 해주어야 하지?'

상대방에게 자신의 워크디자인 아이디어에 대해서 이렇게까지만 각인시켜도 성공이라고 할 수 있다. 당장, 이야기를 한 효과가 없어도 괜찮다. 나의 이야기를 세상에 던진 것만으로도 '점화 효과Priming effect'가 생기기 때문이다. 점화 효과는 마케팅에서 자주 쓰이는 말인데, 시간상으로 먼저 제시된 자극이 나중에 제시된 자극의 처리에 긍정적이든 부정적이든 영향을 주는 현상을 나타내는 심리학 용어이다.

예를 들어 'Work'라는 단어를 먼저 보여주고 난 뒤, 'Wo'가 쓰인 글자 카드를 보여주고 그다음에 이어질 스펠링을 이야기하게 하면, 'Work'라는 단어를 미리 보여주지 않았을 때보다 'Work'라고 대답할 확률이 높아지게 되는 식이다.

같은 맥락에서 내가 던진 이야기가 누군가에게 점화 효과를 불러일으킬 수 있다. 내가 한 이야기를 잊고 있다가도 그와 유사한 정보나 사람을 통해 내가 했던 이야기를 상대방이 다시 떠올릴 수 있다. 그리고 사람을 소개시켜준다거나 새로운 정보를 알려준다거나 할수 있다. 이렇게 형성되는 네트워크는 나 혼자서는 하지 못할 일을 가능하게 만들어주는 마법을 부린다. 이 마법은 나의 아이디어를 **입**

밖으로 소리 내어 말하는 것에서부터 시작된다는 사실을 잊지 말자.

Step 02
사람의 힘으로 우뚝 서기

당신의 이야기를 진심을 담아 누군가에게 전달하다 보면, 당신을 응원하는 사람들을 만나게 된다. 시간이 걸릴지도 모르겠으나 단언컨대 분명히 만나게 될 것이다. 그리고 그 사람들은 당신의 워크디자인 아이디어가 성장하는 데에 큰 도움을 줄 사람들이다. 세상의 어떤 일도 혼자서는 할 수 없다. 우리는 언제나 주변의 도움과 지지, 그리고 연결을 통해 성장한다. 작은 아이디어라고 할지라도 같은 꿈을 품은 단 두 사람이라도 힘을 모으면, 그 아이디어가 어떤 방향으로 가지를 치며 성장해갈지 모른다. 그렇다면 나를 지지해주고 응원해줄 사람들은 어디에 있을까? 나의 든든한 지원자가 되어줄 사람들은 과연 어떻게 찾을 수 있을까?

팬을 만드는 방법

나의 든든한 지원자를 찾는 가장 확실한 방법은 바로 내가 먼저 누군가를 대가 없이 도와주는 것이다. 무조건 나를 응원해주는 가족처럼 온전히 내 편이 되어서 나의 워크디자인을 도와줄 사람이 우리에게는 필요하다. 그러기 위해서는 내가 먼저 누군가에게 선의를 베풀어야 한다.

혜선 씨는 국내 굴지의 기업에서, 2년간 중국어 통역사로 근무했다. 혜선 씨는 비록 계약직이긴 했지만 2년간 성실한 태도로 일한 덕분에 많은 직원들이 혜선 씨에 대한 호감을 가졌다. 혜선 씨는 통역 업무는 물론이고, 중국의 경제 동향을 매일 정리하여 사람들과 공유했다. 중국에서 발령받아 온 직원들도 그녀에게 많은 부분 의지했다. 그녀는 정규직으로 전환되기 위한 목적을 가지고 사람들에게 선의를 베풀었던 것은 아니다.

그런데 그녀의 계약 기간이 종료될 무렵, 함께 일했던 팀장은 물론이고, 옆 팀 직원들까지 너나 할 것 없이 혜선 씨의 정규직 전환을 돕기 위해 자발적으로 회의를 하고 때로는 혜선 씨 대신 인사과와 소통하기도 했다. 하지만 안타깝게도 계약직 직원을 정규직으로 전환한 전례가 없었다는 인사팀의 결정으로 혜선 씨는 계약 기간 종료 후 회사를 나와야 했다. 퇴사 후 혜선 씨는 강남의 모 학원에서 중국어 강사로 일하게 되었는데, 전 회사 동료 몇 명은 그녀가 하는 수업에 수강신청을 하기도 했고, 자신이 수업을 듣지 않더라도 주변 사람들에게 혜선 씨가 일하고 있는 학원을 끊임없이 소개해주었다. 새로운 커리

어로 전환하면서, 주변 사람들의 따뜻한 지원을 받은 혜선 씨는 빠른
속도로 강사 일에 적응할 수 있었다.

혜선 씨처럼 주변 사람들로부터 많은 응원과 지지를 받는 사람들
을 잘 관찰해보면, 남에게 베풀기를 서슴지 않는 사람들이 많다. 그
것도 조건 없이 진심을 다해서 말이다. 누군가가 나를 진심으로 대
하는 모습을 보고 깊은 감동을 느끼고 나면, 우리는 그 누군가를 좋
아하고 응원하게 된다. 나를 도와줄 사람을 찾기 전에, 내가 먼저
조건 없는 선의를 베풀자. 그 선의는 돌고 돌아서 언젠가 나에게 분
명히 자연스럽게 돌아온다.

함께 있으면 기운이 나는 사람들을 곁에 두어라

날카로운 피드백을 하는 사람을 내 주변에 두는 일은 성장을 위
해 중요하다. 그러나 그 사람을 만나고 나면 오히려 맥이 빠지고 부
정적인 에너지만 얻는 것 같다면, 얼마간 그와 만나지 않는 편이 나
을 수도 있다. 특히 나의 워크디자인 아이디어를 성장시켜나가는
단계에서라면 더더욱 그렇다. 함께했을 때 기운이 나는 사람, 나의
성공을 진심으로 바라는 사람들만 만나며 살기에도 우리 인생은 충
분히 짧다.

정규 씨는 물류를 전문으로 하는 스타트업 대표이다. 정규 씨의 동업자인 현수 씨는 스마트할 뿐만 아니라 물류 관련 경험도 풍부하지만, 매사에 냉소적이고 부정적이었다. 정규 씨가 하는 모든 계획에, 안 되는 이유부터 읊는 일이 너무 잦았다. 정규 씨는 현수 씨의 실력은 높게 평가했지만, 현수 씨와 일하며 받는 스트레스가 이만저만이 아니었다. 스스로 못난 대표라고 자책하며, 사업을 해야 할지 말아야 할지 깊은 고민에 빠질 때가 많았다.

얼마 후 현수 씨는 제 발로 회사를 나갔고, 정규 씨는 어떤 모임에서 명함을 교환하며 안면을 튼 용진 씨와 함께 일하게 되었다. 용진 씨는 물류 경험은 부족했지만, 정규 씨가 추진하고자 하는 모든 일을 열렬히 지지했다. 어떤 제안을 꺼내도 우선 해보자고 적극적으로 피드백했다. 정규 씨가 망설일 때에는 누가 처음부터 다 알고 시작하느냐면서, 정규 씨를 옆에서 응원해줬다. 용진 씨 덕분이었을까? 안될 것 같은 일들이 차츰차츰 되기 시작했다. 덕분에 정규 씨의 회사는 2년 만에 빠른 속도로 성장하여 최근에는 큰 규모의 외부 투자도 받게 되었다.

정규 씨와 용진 씨의 미래가 지금보다 더 성장한 모습일지 여부는 점칠 수 없다. 그러나 한 가지 분명한 사실은 옆에서 응원해주고 격려해줬던 용진 씨가 있었기에 정규 씨가 사업을 접지 않았다는 점이다. 일에는 정답도 오답도 없다. 일이 잘 풀리고 안 풀리고는 책상에 앉아서 머리로만 판단할 수 없다. 특히 처음 시도해보는 일이거나, 도전이 필요한 일들은 더욱 그렇다.

불확실한 길을 걸어 나가며 불안하고 외로운 마음이 들 때, 옆에서 나를 든든하게 지지해주는 사람이 없으면 앞으로 더 나아갈 힘을 상실한다. 지금 내 주변을 한번 잘 살펴보자. 내가 걸어가는 이 길을 응원해주고 지지해주는 사람이 단 한 명이라도 곁에 있는가?

강점은 달라도, 가치는 같아야 한다

워크디자인을 위한 파트너를 찾을 때, 가장 이상적인 방향은 서로가 가진 강점은 다르지만, 가치가 맞는 사람을 만나는 것이다. 강점이 다른 두 사람이 하나의 가치를 지향하면 그 시너지가 엄청나다. 우리는 자신과 강점이 비슷한 사람에게 끌려 다른 가치를 추구하는 사람들과 함께하기도 하는데, 그런 관계는 오래 지속하기 어렵다.

달라도 너무 다른 주희 씨와 경선 씨는 10년째 영어 학원을 함께 운영 중이다. 주희 씨는 조용하지만 모든 일을 세심하고 꼼꼼하게 처리하는 편이다. 반면에 경선 씨는 목소리도 크고 괄괄하며, 처음 보는 사람과도 금방 어울릴 정도로 친화력이 뛰어나다. 누가 보아도 판이

하게 다른 이 두 사람은 서로에게 사업적으로 매우 훌륭한 파트너이다. 두 사람은 처음 학원을 차릴 때, 어떤 학원을 운영하면 좋을지에 관해서 많은 이야기를 나누었다. 이야기를 할수록 두 사람은 영어교육에 대한 철학이 비슷했다. 경선 씨와 주희 씨는 절대로 입시 위주의 영어 학습을 하는 보습학원이 되지는 말자고 다짐했다.

물론 학원을 운영하다 보니, 학부모들의 의견과 경쟁 학원의 등장으로 입시 영어 반을 만드는 것을 고민했던 적도 있었다. 그러나 주희 씨와 경선 씨 모두 초심을 떠올리며 흔들리는 마음을 다잡았다. 오히려 마음이 흔들릴수록 원칙을 지켜서 자신들만의 학원 브랜드를 만들어가자고 서로 다독였다.

이후 주희 씨는 콘텐츠 개발을, 경선 씨는 원생 관리와 학부모 응대를 담당하며 자신의 강점을 살릴 수 있는 일에 집중했다. 덕분에 경기도의 작은 학원에서 시작한 두 사람의 영어 학원은 크게 성장하여 독자적인 영어교육 브랜드를 런칭하기에 이르렀다. 내년에는 온라인 영어 교육 시장에도 진출할 계획이다.

주희 씨와 경선 씨의 이야기는 각자의 강점을 발휘하면서도 동일한 가치를 지향하는 파트너십이 어떻게 성공할 수 있는지를 알려주는 사례이다. 어떤 일이든 처음에는 언제나 어려움이 뒤따른다. 이럴 때 나와는 다른 강점이 있지만, 동일한 가치를 추구하는 파트너가 옆에 있으면, 서로 더욱 힘을 내어 일할 수 있다.

Step 03
아이디어 실현 방법

공부하는 자세는 워크디자이너가 가져야 할 훌륭한 태도이다. 워크디자인의 싹을 틔운 당신이라면, 어떤 방향으로 성장해나가고 싶은지 이미 분명한 목표가 생겼을 것이다. 그렇다면 이제부터 당신의 워크디자인 아이디어 중 부족한 부분이나 보완이 필요한 부분을 공부해서 더욱 가치 있고 특별한 일로 만들어나가야 한다.

무엇을 배울까? 지식의 영역

워크디자인의 의지와 열정은 불타지만, 지식적인 측면에서 준비되지 않은 사람들을 많이 보았다. 강의를 하고 싶어 하면서도 효과적인 교수법, 강의하고자 하는 콘텐츠 등에 대해 제대로 공부하지 않고, 그저 다른 사람을 흉내 내거나 누군가가 이미 편집해서 만들어둔 내용을 가져다가 쓰려는 사람들도 있었다. 모르면 배워야 한다. 요즘처럼 공부하는 데에 시공간의 제약이 없고, 비용이 덜 들던 시대가 있었던가? 인터넷을 조금만 부지런히 검색해보면 혼자서 충분히 독학할 수 있을 만큼 많은 정보들이 온라인상에 올라와 있다.

장호 씨는 누구보다 성실하게 살았지만, 회사에서 크게 인정받지 못하고, 40대 초반이라는 이른 나이에 퇴직을 해야 했다. 이후 장호 씨는 아내의 도움으로 부동산 중개사 자격증 공부를 시작했고, 2년 만에 자격증을 취득해 부동산 중개소를 차리게 되었다. 장호 씨는 부동산 중개업을 하는 사람들 중에서 꽤 젊은 편에 속했는데, 새롭게 변화하는 시대에 맞춰서 유튜브로 집들을 리뷰해야겠다고 마음먹었다. 장호 씨는 자신의 유튜브 채널에 일주일에 세 개 이상 콘텐츠를 올렸다. 그뿐만이 아니었다. 장호 씨의 부동산 영업 시간은 오전 9시부터였지만, 그는 7년째 7시에 사무실로 출근한다. 그리고 매일 아침 경제신문을 탐독했다. 신문을 보면서 금리와 정책의 변화를 정리했고, 이해가 되지 않는 부분이 있으면 근처 은행에 가서 물어보기도 했다. 이렇게 끊임없는 공부를 통해 장호 씨는 부동산에 관한 지식뿐만 아니라 경제 상황 전반에 대한 지식을 쌓을 수 있었다. 덕분에 집의 매매와 매수를 위해 부동산을 찾은 고객들에게 시의적절한 조언을 해줄 수 있었고, 점차 고객들로부터 깊은 신뢰를 얻어나갔다. 최근에 자신의 유튜브 채널과 특유의 성실함 덕분에 동네에서만이 아니라 인터넷에서도 부동산 전문가로 인지도를 쌓게 되어서 경제 전문 방송사에 패널로 초대되기도 했다.

무엇을 익힐까? 기술의 영역

어떤 것을 잘 만들고, 잘 고치고, 잘 다루는 것은 기술의 영역이다. 지식은 눈에 보이지 않지만, 기술은 눈으로 확인할 수 있다. 이를테면 수영 방법에는 어떠한 것들이 있는지 머리로는 알고 있어도, 자유형이든 배영이든 평영이든 접영이든 무엇 하나 할 수 없다면, 수영의 기술이 없다고 볼 수 있다. 기술은 꾸준하고 반복적인 훈련이 요구된다. 한두 번 해서는 기술을 익힐 수 없다.

또한 기술은 현장성을 지닌다. 운전을 배우고 싶으면 몰 수 있는 차가 있어야 한다. 페인트칠을 배우고 싶다면 칠을 할 수 있는 벽이 필요하다. 기술은 혼자서도 습득이 가능하지만, 먼저 배운 사람들로부터 노하우를 전수받아 익혀야 하는 경우도 많다.

즉, 기술을 익히기 위해서는 꾸준함과 현장성이 요구되며, 배움에 대한 대가를 지불해야 하는 경우도 있기 때문에, 기술을 지니고 있다는 사실은 높이 평가받는다.

규리 씨는 레스토랑 콘셉트 기획자로 활동하며, 메뉴 기획에서부터 매장 콘셉트에 이르기까지 레스토랑의 전반적인 이미지를 모두 총괄 디자인하는 일을 한다. 규리 씨가 현대적으로 재해석한 한식 레스토랑은 한남동과 청담동 일대에서 누구나 손꼽는 유명한 맛집으로 인기몰이 중이다. 그뿐만이 아니다. 중국 시장에서도 일이 들어올 만큼 규리 씨의 실력은 대한민국을 넘어 아시아에서도 점차 인정받고 있다.

하지만 그런 규리 씨에게도 한 가지 고민이 있었다. 레스토랑 콘셉트를 디자인하는 과정에서 셰프들과 의견 충돌이 생길 때가 종종 있었던 것이다. 그녀 생각에는 충분히 구현될 수 있는 요리였지만, 셰프가 불가능하다고 이야기하면 새롭게 런칭할 수가 없었다.

규리 씨는 셰프들과 더욱 원활하게 소통하기 위해서는 요리를 배워야겠다는 생각이 들었다. 푸드 분야의 전문 기획자로 커리어를 탄탄하게 쌓기 위해서라도 요리의 기술에 대한 이해가 필요할 것 같았다. 규리 씨는 요즘 바쁜 일정 가운데에서도 한식 요리사 자격증을 따기 위해 열심히 준비 중이다.

무엇을 해볼까? 경험의 영역

경험은 지식과 기술의 영역을 아우르는 개념으로, 상황과 맥락을 포괄적으로 이해할 수 있도록 돕는 체험을 의미한다. 지식적인 측면에서 이해의 깊이가 조금 부족하다고 할지라도, 몸으로 직접 경험한 내용은 대상이나 상황을 제대로 파악하는 데에 큰 도움을 준다.

현성 씨는 조경에 관심이 많았다. 그래서 조경학과에서 제대로 공부를 해보고 싶어 대학에도 다시 입학했다. 덕분에 조경에 대한 지식은 충분했다. 그러나 조경 산업이 전반적으로 어떻게 흘러가는지는 잘 알지 못했다. 그래서 방학을 이용해 우리나라에서 가장 큰 규모로 조경 사업을 하는 회사에 들어가 인턴으로 일했다. 회사 대표는 다른 인턴들에 비해, 나이도 있고 무엇보다 성실했던 현성 씨를 특별히 아꼈다. 덕분에 현성 씨는 졸업과 동시에 인턴 활동을 했던 회사에 정규직으로 채용되었다. 그 회사에서 일하는 동안 현성 씨는 실무를 하며 조경 사업의 전반적인 흐름을 배울 수 있었다. 몇 년 후 현성 씨는 도시 조경에 특화된 조경 회사를 창업해 내실 있게 성장시켜나가는 중이다.

#Stem_ Summary

- 다양한 실험을 통해 검증한 워크디자인 아이디어를 실현하기 위해서는 '스토리텔링', '사람', '공부'가 필요하다.
- 비즈니스 스토리텔링을 통해 내 안의 아이디어를 세상 밖으로 꺼내자.
- 당신의 이야기에 감동을 받은 사람들은, 당신이 당신만의 워크디자인을 더욱 발전시켜나가는 데 기꺼이 도움을 줄 것이다.
- 당신의 워크디자인을 지속적으로 유지해나가기 위해서는 공부를 통해 부족한 부분을 보완해야 한다.

Chapter 04

워크디자이너로 살아가기

▼

우리는 '워크디자인'이라는 주제로 교육과 코칭을 받은 사람들의 '진짜 삶'이 궁금했다. 배움과 적용 사이에는 분명 '현실적 간극'이 있기 때문이다. 그래서 시간이 허락될 때마다 안부를 묻는다는 핑계로 그들의 변화를 조심스럽게 관찰했다.

많은 이들이 워크디자인의 방법은 알고 있으면서도, 삶에서 그 방법을 지속적으로 적용하지 못하는 경우가 많았다. 우리로서는 분명 풀어야 하는 숙제였다. 이 숙제를 풀기 위해 성공적으로 안착한 워크디자이너들을 만났다. 여기에서 우리가 정의하는 '성공적'이라는 단어의 의미는 결과적인 성공을 의미하지 않는다. 워크디자인의 과정을 자신의 삶에서 꾸준히 실천해나가고 있는 사람을 뜻한다.

그렇다면 이들은 수년간 워크디자이너로 실면서 자신의 일에서 어떤 변화를 겪었을까? 이들 역시 자신만의 일을 해나가는 과정에서 무수히 많은 난제와 어려움을 겪었다. 다만 다른 사람들과 차이점이 있다면, 워크디자인의 관점을 포기하지 않고 자신에게 주어진 상황에 일희일비하지 않으며 묵묵하게 자신만의 워크디자인을 설계해나갔다는 점이다.

이들의 케이스를 분석해보니, 자기 일을 스스로 주도하는 '워크디자이너'의 삶의 역량들이 드러나기 시작했다. 첫째, 그들은 스스로가 변화의 주체라는 주인의식을 가지고 있었고 둘째, 어려운 상황을 만날 때 더 강화되는 회복력이 있었다. 주인의식과 회복력, 이 두 가지 역량이 어떻게 그들의 일을 받들어주는 튼튼한 기둥이 되었는지 다양한 사례를 통해 더 알아보도록 하자.

쓰레기통에 버려진 명함

앞서 워크디자인의 3단계인 Sprout에서 소개한 바 있었던 박 차장을 기억하는가? 이번에는 그의 또 다른 이야기를 들려주겠다. 박 차장이 자신의 일을 그토록 열심히 할 수밖에 없었던 이유가 이 에피소드 안에 들어 있다.

박 차장은 사회생활을 시작한 지 3년 차에 접어들었을 무렵, 자신의 인생에서 잊을 수 없는 한 장면을 만났다. 당시 그는 작은 건설사의 현장직으로 일하고 있었다. 어느 날 박 차장은 발주처 담당자들과 얼굴을 익히는 미팅에 참석해 그곳에서 만난 사람들에게 자신의 명함을 건네며 인사를 나눴다. 그런데 미팅을 마치고 들른 화장실의 쓰레기통에서 여러 개의 버려진 명함들을 보게 되었다. 그 안에는 박 차장의 명함도 섞여 있었다. 더러운 쓰레기더미 사이에 자신의 이름이 구겨진 채로 들어가 있는 모습에 진한 서러움이 밀려왔다.

이 일로 인해 박 차장은 가슴 한구석에 독한 마음을 품게 되었다. '다시는 내 이름이 새겨진 명함이 버려지는 치욕은 겪지 않으리라!' 박 차장은 좀 더 이름이 알려진 건설사로 이직하기 위한 준비도 했다. 그렇게 각고의 노력 끝에 박 차장은 대기업 건설사로 이직하는 데 성공했다.

그러나 막상 대기업에서 일을 해보니 일의 본질은 다니고 있는 회사의 이름과 직책에 있지 않다는 사실을 깨달았다. 건설현장을 누비며 일했던 박 차장은 무엇보다 자신만의 확실한 전문 기술을 가진 사람이어야만 비전이 있다는 생각을 했다. 박 차장은 교대근무에 수면 시간도 뒤죽박죽이었지만, 기술사 자격증 공부를 독하게 했다. 기술사로 일한다면 어떤 회사에서 일하든지 간에 자신의 명함이 쓸모없이 버려지지는 않으리라는 확신이 들었기 때문이다. 고된 회사 일과 몇 번의 낙방으로 기술사 시험을 포기하고 싶을 때마다 박 차장은 사회 초년병 시절, 화장실 쓰레기통에서 보았던 자신의 명함을 떠올렸다.

끈기와 열정을 가지고 워크디자인을 하는 사람들과 이야기를 해보면 박 차장과 유사한 경험을 한 사람들이 꽤 많았다. 설움과 결핍이 만들어낸 긍정적 독기라고 할 수 있다. 이와 같은 인간의 방어기제를 심리학에서는 '승화Sublimation'라고 부른다. 자신의 결핍을 다른

280

차원으로 상승시켜 자신을 돕는 긍정적인 방향으로 바꿔내는 힘이다. 공격적 본능을 가진 사람이 외과 의사가 된다든지, 폭력적 성향을 가진 사람이 권투선수나 격투선수가 되는 것이 승화의 좋은 예이다. 승화는 대표적인 성숙한 방어기제로, 자신을 파괴하게 만들 뻔한 사건이나 감정을 동력으로 삼아 더 나은 삶을 영위해나가는 것을 의미한다. 우리가 만난 현명한 워크디자이너들은 이처럼 자신의 결핍을 발전과 성숙을 위한 땔감으로 활용했다.

만일 지금 당신이 일을 하는 과정에서 부정적인 감정이나 결핍을 느끼게 하는 사건을 경험하게 되었다면, 한 발짝 뒤로 물러나서 지금 당신이 처한 상황을 보다 크고 넓은 시선으로 바라보자. 그 사건이 나에게 어떤 영향을 끼치는지, 그로 인해 느끼게 된 부정적인 감정을 승화시킬 수 있는 방법은 없는지 골똘히 생각해보자. 내 일의 터닝 포인트는 어쩌면 차갑고 그늘지고 축축한 곳에서부터 시작될 수도 있다.

오르막과 내리막을 대하는 법

워크디자이너는 끊임없이 오르막과 내리막을 경험하며 살아갈 것이다. 우리의 인생은 언제나 우상향으로만 흘러가지 않는다. 만일 우리 주변에 실패 없는 삶을 사는 듯 보이는 사람이 있다면, 그것은 우리가 그의 삶을 구체적으로 잘 모르기 때문에 그렇게 보이는 것이다. 단언컨대 그들 역시 살아가면서 수없이 오르막과 내리막을 경험했을 것이다. 다만, 그들은 내리막의 시절을 발판으로 삼아 자신이 내려갔던 깊이를 뛰어넘는 성공을 이끌어내어, 인생 전체를 두고 봤을 때는 우상향의 그래프를 그리고 있을 가능성이 높다.

올라간다 – 내려간다

밝다 – 어둡다

좋다 – 나쁘다

인간은 누구나 자신의 인생에 어둡고 힘든 일들이 들이닥치기보다는 밝고 즐거운 일들이 찾아오기를 희망한다. 그러나 세상의 모든 일들에는 늘 양면성이 존재한다. 빛이 있으면 그림자도 있는 법이다. 올라가는 길이 있으면 내려가는 길도 분명 존재할 수밖에 없다.

인생에서 오르막의 시절을 맞이하면, 사람들은 한결같이 기쁨을 느낀다. 어떤 사람은 기쁜 일을 맞이한 누군가에게 겸손의 미덕을 강조하며 "너무 좋아하지 말라"고 충고하기도 한다. 그 기쁨이 오래가지 못할 수도 있으니 자중하라며 겁을 주기도 한다.

하지만 우리는 꼭 당부하고 싶다. 당신의 인생에 기쁜 일이 찾아들면 주저하지 말고 충분히 그 기분을 만끽하라고. 좋은 일, 내가 성장하는 경험을 앞에 두고 우리는 억지로 그 기쁨을 억누를 필요가 없다. 기꺼이 그 감정을 즐기고, 주변 사람들과도 행복한 기분을 나눌 수 있어야 한다.

인생에서 내리막의 시절을 맞이했을 때도 마찬가지이다. 인생의 내리막을 경험할 때 사람들은 우울함은 물론이고, 마음속에 커다란 돌덩어리가 있는 듯한 답답함을 느낀다. 세상이 모두 끝난 것만 같은 비통한 심정에 빠지기도 한다. 그저 한 가지 일이 잘 안 풀렸을 뿐인데, 내 인생의 모든 것이 잘못될 것 같다는 생각을 갖기도 한다. 이 우울감의 깊이는 사람마다 무척이나 달라서 어떤 사람들은 안타깝게도 극단적인 선택을 하기도 한다.

하지만 한 번의 실패 때문에 인생 전체를 포기하기엔 우리의 삶이 너무 소중하다. 그래서 우리는 인생의 내리막 시절을 잘 통과할 줄 아는 기술을 익혀야 한다. 스키나 보드를 배울 때를 떠올려보자. 높은 곳에서 낮은 곳으로 활강하는 운동을 배울 때, 가장 기초가 되는 배움은 잘 넘어지는 방법을 익히는 것이다. 스키나 보드를 탈 때, **잘 넘어져야 덜 다친다. 덜 다쳐야, 다시 탈 수 있다.** 우리의 삶도 그렇다. 덜 다치는 마음 연습을 위한 팁을 소개하자면 다음과 같다.

첫째, 누구나 살면서 내리막을 경험한다는 사실을 기억하자. 우리는 모두 자기만의 굴곡을 겪으며 세상을 살아간다. 그러나 인생의 내리막길을 경험할 때에는 보통 부정적인 정서에 휩싸이기 때문에 주변이 잘 보이지 않는다. 그래서 나 혼자서만 이런 어려움을 겪는다고 생각하기 십상이다. 하지만 절대 그렇지 않다. 만일 당신의 삶에 어려운 순간이 찾아왔다면, 누구에게나 닥치는 일이 당신을 찾아온 것이라고 생각하자. 무거웠던 마음이 한결 가벼워짐을 느끼게 될 것이다.

둘째, 내려가는 시절이 있으면 다시 올라가는 시절이 분명히 온다. 뉴턴의 운동 법칙 중 제3법칙은 '작용과 반작용의 법칙'이다. 이 법칙에 따르면, 세상의 모든 작용에는 크기는 같으나 방향은 반대인 반작용이 존재한다. 작용과 반작용의 법칙은 우리 주변에서 어렵지 않게 찾아볼 수 있다. 이를테면, 점프를 하기 위해서 양껏 뒤로 젖힌 개구리의 뒷다리를 가만히 살펴보자. 다리를 젖힌 만큼 앞으로 멀리 점프한다. 즉, 뒤쪽으로 어느 정도 힘이 작용해야만, 그 반작용으로 에너지가 만들어져 앞으로 튀어 나갈 수 있다. 지금은 당장 뒤로 후퇴하는 듯 여겨져도 걱정하지 말자. 그 어렵고 힘든 시기를 거치는 동안 당신 안에는 에너지가 축적된다. 그 에너지를 토대로 당신은 반드시 오르막의 시절을 맞이할 것이다.

셋째, 내리막길에서 얻은 깨달음이야말로 제대로 된 인생 공부라고 할 수 있다. 인생의 내리막길을 걷는 동안, 우리는 우리 인생의 반성문을 쓴다. 절대로 하면 안 되는 것은 무엇인지, 그동안 나에게 부족했던 것은 무엇인지 되돌아보며 절치부심하는 시간을 갖는다. 사람만 그런 것이 아니다. 기업도 마찬가지이다. 만반의 준비 끝에 출시한 제품이 소비자들의 외면을 받아 대실패를 하고 나면, 그다음에는 역대급 성공작을 만들어내는 경우가 많다. 선거에서도 대패를 맛본 정당은, 다음번 선거에서 완전히 다른 전략을 짜서 승리를 거머쥐곤 한다. 우리가 인생에서 맞이하게 되는 실패의 순간들은, 우리가 제대로만 활용한다면 그저 실패로만 끝나지 않는다. 실패의 원인이 무엇인지 이해하고 새로운 방향성을 잡아보려고 노력할 때, 우리는 그 어디에서도 가르쳐주지 않는 진정한 깨달음을 얻을 수 있다.

물론 내리막길을 향해 내려가고 있다는 생각이 든다면, 가장 먼저 해야 할 일은 브레이크를 밟고 내리막길 저 끝까지 굴러가는 것을 피하려고 애쓰는 것이다. 내 의지로 충분히 그렇게 막아낼 수 있는 일이라면, 해볼 수 있는 데까지는 최선을 다하라. 하지만 의지와 노력만으로는 극복할 수 없는 상황도 분명히 존재한다. 그럴 때를 대비해 앞에서 이야기한, 잘 넘어지는 연습을 하자. 그래야만 실패를 맛본 뒤에도 분명히 다시 일어설 수 있다.

실패 시나리오의 힘

자신의 일을 사랑하며 일의 선순환 고리를 만들어 삶을 풍요롭게 살아가는 수많은 워크디자이너들은 4단계를 착실하고 충실하게 이행해온 사람들이라는 공통점이 있었다. 더불어서 현실에 대한 날카로운 이해와 예리함으로 각 단계별로 주어질 수 있는 어려움을 예측하고, 차분하고 침착하게 대응해나갔다. '어떻게든 잘 되겠지'와 같은 애매하고 막연한 미래를 꿈꾸는 것이 아니라, 만약 이 모든 것이 결과적으로 실패한다면 도대체 무엇 때문일지에 대해 냉정하게 최악의 시나리오를 예상해보는 것이다.

실패 시나리오 = 예방주사

지훈 씨는 그토록 원했던 대로 연봉을 높여 이직했다. 연봉 외에도 지훈 씨는 이직을 하면서 꼭 이루고 싶은 바가 하나 더 있었다. 바로 리더로서 좀 더 회사에서 중책을 맡아, 일의 주도권을 쥐고 싶었다. 직장 생활을 한 지도 8년째에 접어들었지만, 이전 직장에서는 여전히 막내나 다름없었기 때문이다. 그러던 차에 팀장 직급에 훨씬 너 높은 급여를 약속하는 오퍼가 들어왔고, 지훈 씨는 뒤도 돌아보지 않고 이직을 서둘렀다. 8명의 팀원을 데리고 어떻게 리더십을 발휘하며 일할 지를 떠올릴 때마다 지훈 씨의 마음은 크게 설렜다.

하지만 새 직장으로 이직하고 몇 달이 지나자 지훈 씨는 밤잠을 이루지 못하는 날들이 너무 많아졌다. 팀장의 역할이라는 것이 지훈 씨가 생각했던 것과는 너무 달랐다. 팀원들은 여차하면 싸우기에 바빴고, 지훈 씨가 제시하는 방향을 이해하고 지지해주는 사람이 팀 내에 단 한 명도 없어 보였다. 성과를 내야 하는 자리였기에 매출 압박도 컸다. 지훈 씨는 뭐라도 보여줘야 한다는 생각에 자신을 담금질했다. 마음처럼 따라오지 않는 팀원들에게 화도 자주 냈다.

회사는 그런 지훈 씨를 미덥지 않게 지켜보았다. 결국 이직한 지 1년이 채 되지 않은 시점에서, 지훈 씨는 회사 대표로부터 청천벽력 같은 이야기를 듣게 되었다. 더는 지훈 씨에게 해당 팀을 맡길 수 없다며, 시간을 줄 테니 최대한 빨리 지금 하는 일에서 손을 떼라는 것이었다. 지훈 씨는 처음에는 화가 나고 억울하기만 했다. 그러나 시간이 지나자 분노보다는 극심한 우울감이 찾아왔다. 자신이 완전히 커리어에 실패했다는 생각이 들었기 때문이다.

　도대체 지훈 씨는 무엇을 놓쳤던 것일까? 사실 지훈 씨는 아주
오랫동안 이직 준비를 했다. 가고 싶어 했던 회사와 분야가 분명했
고, 주변 지인들을 동원하여 이직하고자 희망하는 회사에 대한 정
보도 적극적으로 탐색했다. 퇴근 후에는 야간 대학원을 다니며 경
영학 공부도 했다. 지훈 씨는 자신이 잘 해낼 수 있을 것이라는 강
력한 확신이 있었다.

　하지만 자신에게 실제로 닥칠 수 있는 여러 가지 불편한 상황에
대해서는 예상하지 못했다. 또한 높은 연봉에 대한 갈망이 컸던 까
닭에 그것을 달성한 이후, 이직할 회사의 문화나 자신이 이끌게 될
팀의 특성과 역량에 관한 부분을 파악하는 일을 사실상 간과했는지
도 모른다.

　우리는 미래에 대해 가급적 긍정적으로 생각하라는 가르침에 익
숙하다. 부정적인 생각을 해봐야 부정만 탄다고들 하지 않는가. 그
런 맥락에서 지훈 씨는 미래에 자신이 겪을 수도 있을 실패를 객관
적이고 냉정하게 예상하지 못했을 가능성이 크다. 그런데 이 **'괜찮
겠지'** 하는 생각의 틈이 점점 커져서 돌이킬 수 없는 큰 구멍을 만들
기도 한다.

　워크디자인을 위해 정보를 모으고 희망차게 준비해나가는 것 이

상으로 중요한 일은 '완벽한 실패'를 때로는 예상해보는 것이다. 심리적으로는 괴롭겠지만, 냉철한 시선을 갖고 피하려 하면 안 된다. 방법은 간단하다. 실패 상황을 가정하고, 그 원인이 될 만한 이유를 모조리 리스트업해보는 것이다. 이 방법은 '검시 조사(사람이 사망했을 때, 사후 원인을 조사하는 것)'라고 해서, 최근 경영학계에서 새로운 경영 방법론으로 대두되고 있다.

만약, 당신이 계획하고 있는 일이 완전히 실패하게 된다면, 어떤 이유 때문일까?

- 토양의 성격을 분명히 파악하지 못했다.
- 충분한 실험을 통해 검증하지 못했다.
-
-
-
-
-

실패 시나리오를 예측해보고 그 이유를 정리하다 보면 현재 내가 어떤 준비가 되어 있지 않은지, 어떤 정보가 부족한지 등이 분명하게 눈에 보인다. 또한 낙관적인 생각 이면에 잠재된 불안 요인도 들여다볼 수 있다. 물론 이 리스트를 작성하는 이유는 두려움을 유발하여 새로운 시도를 못 하게끔 만들려는 목적이 아니다. 최악의 시나리오를 상상하는 것은 일종의 예방주사를 맞는 행위라고 생각하면 이해하기 쉽다. 실패를 가정하고 예상되는 일들을 시뮬레이션하고 나면 실제로 안 좋은 상황에 직면했을 때, 비교적 덜 당황하고 당면한 문제를 차분하게 풀어나가는 데 도움이 된다.

```
┌─────────────────────────────────────┐
│            워크디자인의 걸림돌            │
└─────────────────────────────────────┘
```

워크디자인의 걸림돌

두려움

우리는 우리를 찾아온 고객들이 워크디자인의 4단계를 알고 난 이후, 자신의 삶에서 어떤 변화를 만들어가고 있는지 무척 궁금했다. 그래서 그들과 지속적으로 교류하며 이후에 어떤 삶을 살아가는지에 관해 이야기를 전해 듣곤 한다. 흥미로운 것은 워크디자인을 시작할 무렵에는 모두들 비슷한 위치에서 비슷한 고민을 하던 사람들이었는데, 그 이후의 삶은 저마다 큰 차이를 보였다는 사실이다. 입이 쩍 벌어질 만큼 커다란 변화를 이끌어낸 사람, 매번 똑같은 이야기만 하는 사람, 얼마간 변화를 도모해보기도 했으나 여러 가지 이유로 워크디자인을 중단한 사람 등 모두가 다른 삶을 살아가고 있었다. 이 차이는 도대체 어디에서 발생하는 것일까? 과연 워크디자이너로 성장하지 못하도록 막는 걸림돌은 무엇일까?

우리는 이 궁금증을 풀기 위해, 워크디자인을 중도에 멈춘 사람들의 이야기를 좀 더 들어보았다. 이들은 자신이 지핀 변화의 불을 끓는점에 도달하여 변화로 향하기 바로 직전에 스스로 꺼버리는 경우가 더러 있었다. 물질은 끓는점 이하에서 액체이지만, 끓는점 이상에서는 기체가 된다. 완전히 성질이 다른 형태로 변모하는 것이다. 워크디자인도 마찬가지이다. 삶의 여러 장면에서 꾸준히 워크디자인을 실천하다 보면 어느 순간 끓는점을 넘기게 되고, 그 시간 이후로는 완전히 다른 방식으로 일을 하며 살아가는 삶을 맞이하게 된다.

그런데 대부분의 사람들은 끓는점까지 도달하지 못한다. 어느 정도 냄비가 데워졌다 싶으면 스스로 불을 줄여버리는 것이다. 이렇게 행동하는 까닭은 '궁극적인 변화가 힘들 것이라고 믿는 나 자신' 때문이었다.

- 사실 지금 상황에서 특별히 나쁜 것이 없는데, 굳이 변화를 일으켜야 하는가?
- 변화 자체가 그렇게 중요한가?
- 지금이 변화를 꾀하기에 정말 적당한 시기인가?
- 내가 과연 변화할 수 있는 사람인가?
- 저 사람과 나는 같은 사람이 아닌데, 괜한 자신감만 앞선 것은 아

닌가?

　즉, 기껏 어느 지점까지 애써 달려온 자신에게 '지금은 인사고과 시즌이니까', '지금은 휴가 기간이니까', '지금은 당장 준비가 안 되었으니까'라는 이유들을 들어가며, 워크디자인의 마침표를 찍게 만들어버린다. 그토록 변화를 갈망하면서도, 진짜 변화를 앞에 두고서는 뒷걸음질 치는 것이다. 우리는 왜 이렇게 모순적인 행동을 하는 걸까?

　　꿈을 불가능으로 만드는 존재는 단 하나뿐이다.
　　바로 실패에 대한 두려움이다.

　　　　　　　　　　　　　　　　　　　　- 파울로 코엘료Paulo Coelho

　그것은 바로, 두려움이라는 감정 때문이다. 미처 살아보지 않은 미래는 두렵다. 새로운 도전이 실패하면, 그로 인해 그나마 내가 현재 가진 것까지 잃어버릴 수 있다는 생각도 엄습한다. 그 순간 그토록 갈구했던 변화가 헛된 꿈으로 여겨진다. 결국 현 상태를 유지하는 것에 안도하며 시도하지 않음으로 생기는 아쉬움을 위로한다.
　두려움이란 인간의 몸과 마음이 위험하고 불편하다고 여겨지는 상황이나 존재에 대해 보이는 반응이다.

어느 날 다큐멘터리 채널에서 두려움에 관한 흥미로운 이야기를 본 적이 있다. 초원의 얼룩말 무리 중 한 마리가 사자의 습격을 받고 죽었다. 그런데 사자가 사냥한 얼룩말을 잡아먹는 동안, 다른 얼룩말들이 다른 곳으로 도망가지 않고 사자 주변에서 천연덕스럽게 풀을 뜯고 있는 것이 아닌가. 신기하고도 이해되지 않는 장면이었다. 그때 이런 설명이 이어졌다. 살아남은 얼룩말들이 사자로부터 도망치지 않은 까닭은, 그 사자가 방금 식사를 했으므로 자신들을 습격할 필요가 없다는 사실을 육감적으로 알고 있기 때문이라고 했다. 사자의 습격을 받을 당시에는 살아남기 위해서 전력을 다해 뛰었으나, 공포의 이유가 사라진 상황에서 얼룩말은 사자를 두려워하지 않는다.

만일 인간이었다면 어땠을까? 동료의 죽음을 곁에서 목격한 인간이라면 누구나 저 멀리 달아나버렸을 것이다. 인간이 두려움에 얼마나 취약한 존재인지는 주식시장만 봐도 알 수 있다. 당장 기업의 실적이 나빠진 게 아닌데도, 미국 대통령의 말 한마디에 전 세계 주가가 출렁거린다. 우리 동네와 먼 곳에서 발생한 살인사건을 뉴스에서 보게 되면, 두려움이 불현듯 엄습하여 가족들에게 안전을 당부하게 된다. 두려움은 인간만이 가지고 있는 감정이다. 이 세상의 수많은 시스템과 제도, 정책들은 혼란을 통제하여 두려움을 줄이고자 하는 인간의 욕구가 만들어낸 산물이다.

우리가 두려움을 이길 방법은 많지 않다. 두려움은 이겨야 할 대상이 아니라, 그 존재를 인정하고 정면으로 응시해야 할 대상이다. 이 사실을 깨닫고 나면, 두려움을 바라보는 관점이 한층 성숙해진다. 간혹 용감한 일을 하고 난 후, 자신은 두려움을 모두 극복했다고 말하는 사람들을 만나기도 하는데, 미안하지만 그와 같은 느낌은 착각일 가능성이 크다. 두려움은 영원히 소멸될 수 있는 성질의 감정이 아니다. 언제든 어떤 상황에서든 고개를 쳐들고 나타날 수 있는 감정이다. 두려움은 우리가 평생 데리고 살아야 하는 감정이자, 우리가 추진하는 수많은 일들의 구석구석에 똬리를 틀고 숨어 있는 존재이다.

그러므로 두려움을 컨트롤하고 싶다면 그것을 아예 없애려고 하기보다는 있는 그대로 인정하는 편이 낫다. 다만, 내 마음의 중심을 두려움에게 내어주지 말아야 한다. 그러기 위해서는 내가 느끼고 있는 막연한 두려움을 구체적으로 들여다봐야 한다. 지금 두려운 감정이 엄습한다면, 왜 그렇게 느끼는지에 관해서 구체적으로 모조리 적어보자.

- 몇 년 전에도 실패한 경험이 있는데, 이번에도 그러면 어쩌지 싶어서 두렵다.
- 부양할 가족이 있는데, 내가 무모한 짓을 하고 있다는 생각이 들어

서 두렵다.

- 아무도 내가 준비한 서비스를 좋아해주지 않을 것 같아 두렵다.

-

-

-

-

조바심

우리를 끓는점에 도달하게 해줄 가스 불을 줄이는 데에는 조바심도 한몫한다. 당신은 물이 끓을 때, 40℃와 41℃가 되는 지점을 명확하게 알 수 있는가? 물의 끓는점은 100℃인데, 물이 들어 있는 냄비를 가열하면 100℃에 이르러 수증기로 기화할 때까지 물의 온도는 점진적으로 올라간다. 이때 온도계로 측정하지 않는 이상, 우리는 현재 물이 몇 도에 이르렀는지 알 수 없다. 오감으로 변화를 체험하지 못하거나, 즉각적인 피드백을 받지 못할 때 인간은 지치게 된다. 조바심이 나기도 하고, 지금 잘하고 있는 것인지 끊임없이 의심하게 된다.

어떻게 기다려야 하는지 아는 자에게는
적절한 시기에 모든 것이 주어진다.

우리가 코칭했던 고객 중에는 배우가 꿈인 친구가 한 명 있다. 그 친구는 배우가 되기 위해 최선의 노력을 다했다. 그러나 노력과는 별개로 세상은 그녀가 원하는 응답을 들려주지 않았다. 그녀가 꿈을 이루기 위해서는 그야말로 기약 없는 기다림이 필요했다. 물론 언젠가 그녀에게도 기회는 올 수 있다. 그녀의 선후배 중에서도 뒤늦게 성공한 사람이 가뭄에 콩 나는 수준으로 분명히 있었으니, 그녀라고 해서 불가능할 것 같지도 않았다.

그러나 그녀에게 차마 조급해하지 말라는 이야기를 해줄 수는 없었다. 당장의 생계와 커리어가 보장되지 않는 상황에서 그저 희망을 버리지 말고 하루하루 최선을 다해 살아가며 기다리라고 조언하는 것은 무책임에 가깝다. 우리는 일을 통해 자아실현을 하고, 그로써 세상에 영향력을 미칠 수 있어야 함과 동시에 생계를 꾸려갈 수 있어야 한다. 이 셋 중 무엇 하나라도 크게 결핍된 워크디자인은 현실적인 워크디자인이 아니다. 그렇다고 해서 그녀에게 무조건 배우로서의 꿈을 포기하라고 하는 것도 안 될 일이었다. 누군가에게는 절대 접을 수 없는 소중한 꿈을 두고, 제3자가 함부로 이래라저래라 할 수는 없는 노릇이었다.

고심 끝에 우리는 그녀에게 생계를 유지할 수 있는 방법을 강구하면서 배우의 꿈을 펼칠 수 있을 때까지 기다려보자고 조언했다. 배우의 꿈을 접지 않되, 자신의 경험과 세상에 대한 이해를 녹인 워크디자인을 통해 생계유지를 위한 적절한 일을 도모해보자고 한 것이다. 여러 방법을 모색해본 결과, 그녀는 인사동에 작은 옷가게를 오픈했다. 의상디자인을 전공한 이력을 살려서 직접 옷을 만들어 팔기로 한 것이다. 보통은 일반 고객들을 위한 생활복을 만들었지만, 가끔씩 무대의상이나 전위적인 작품을 만들어서 연극하는 배우 친구들에게 입혀보기도 했다. 덕분에 그녀가 만든 옷은 독특한 스타일로 입소문이 났고, 그녀의 가게는 5년째 인사동을 지키고 있다.

그렇다고 해서 그녀가 배우의 꿈을 완전히 접은 것은 아니었다. 시간적으로 여유가 있는 날에는 가게를 다른 사람에게 잠시 맡기고, 엑스트라나 조연 같은 작은 역할을 하며, 연기에 대한 희망을 놓지 않았다. 그녀의 이야기에 따르면 옷가게를 운영한 경험이 배우를 준비하는 데에도 큰 도움이 된다고 했다. 수많은 고객을 만나게 되다 보니 자연스럽게 캐릭터 연구가 가능해졌다고 했다. 덕분에 언젠가 본격적으로 연기를 하게 되면, 예전보다 훨씬 더 다양한 역할과 표현을 해낼 수 있을 것 같다고 이야기했다. 그녀는 아직 배우의 꿈을 이루지는 못했다. 아니, 기다리는 중이라고 해야 더 맞는 표현이겠다. 다만 그 기다림의 방법을 조금 바꾸었을 뿐이다.

워크디자이너는 인내심을 가져야 한다. 자신이 해야 하는 일, 할 수 있는 일들에 최선을 다했다면, 무엇을 더 해야겠다는 생각을 하며 조바심을 내는 대신, 기다리자. 그동안 다른 쪽으로 관심을 유도해서 결과를 기다리는 일에는 신경을 잠시 꺼두어야 한다. 말은 쉽지만, 사실 결과를 기다리는 일은 누구에게나 고통스럽다. 그러나 내가 지금껏 노력한 것이 좋은 결과로 이어지기를 바라는 마음을 품고, 그 시간을 의도적으로 다른 생산적인 일들을 하는 데 쏟아보자. 잠시 다른 일들을 한다고 해서 내가 그동안 노력해온 일을 포기하는 것은 아니다. 싹이 트기를 간절히 바라는 마음으로, 언제든 그 싹이 텄을 때 다시금 힘을 내어 성장해나갈 시간을 대비하는 때라고 여겨야 한다.

내 삶의 코치는 바로 나

이 책을 마무리하면서 독자들과 꼭 나누고 싶었던 이야기가 하나 있다. 바로 워크디자이너로 살아가기 위해 스스로 만들어내는 질문의 힘이 얼마나 중요한지에 관한 이야기이다. 좀 더 구체적으로 말한다면, '옳은 질문'을 하는 습관과 그 질문에 대한 '대답을 찾아가는 끈기'에 관해 전하고 싶었다.

문제를 관통하는 질문, 그리고 질문에 대한 대답을 기필코 찾으려는 의지는 현실에 얽매여 이러지도 저러지도 못하는 상태를 벗어나게끔 해준다. 더 나아가 문제를 해결하는 에너지와 실마리를 제공한다. 좋은 질문에는 힘과 방향이 숨겨져 있어서, 우리가 봉착한 인생의 숙제를 풀 수 있도록 생각을 열어젖힌다. 그 질문을 통해 우리는 한 걸음 앞으로 나아가고 성장할 것이다.

그렇게 스스로에게 질문을 던질 수 있는 사람, 스스로를 자신의 코치로 고용한 사람들만이 워크디자인의 긴 여정을 즐기며 비로소 워크디자이너로서 진정한 자유를 느끼고 자신의 삶을 번영시켜나 갈 수 있다.

자, 이제 마지막으로 워크디자이너라면 자주 품어야 하는 이정표 가 될 만한 질문거리들을 나눠보고자 한다.

기회와 깨달음

우리가 마주하게 되는 여러 가지 일들은 '성공과 실패'가 씨줄과 날줄처럼 얽혀 있는 경우가 더 많다. 과정을 겪어가는 와중에는 실 패인 것처럼 느껴지다가도, 어느 순간 어려움을 뚫고 나가는 힘이 생겨 생각지도 못한 성공을 만날 때가 있다. 그와는 반대로 승승장 구하면서 잘 해나가고 있다고 생각하며 살아갔지만, 막상 손에 쥔 결과물은 생각보다 훨씬 작아서 실망할 때도 있다.

이처럼 우리 손에는 성공과 실패가 동전의 양면처럼 함께 붙어 있다. 그렇기 때문에 내가 겪은 경험의 총합을 지금 당장, '성공이 다', '실패다'라고 정의할 수 없는 순간들이 더 많을 것이다. 당신이 지금 당면한 상황이 복잡하게 얽혀 있다면, 이렇게 질문해보자.

Q. 이것은 나에게 무슨 기회이고, 나는 무엇을 배울 수 있는가? 그리 고 이 경험을 어떻게 연결할 수 있는가?

경험은 가치 중립적이다. 그 안에는 행복과 불행, 아픔과 성장처럼 양면적인 면모들이 모두 내포되어 있다. 앞에서 던진 질문은 당신에게 벌어진 일련의 사건을 중립적으로 이해할 수 있도록 돕는다.

휴식과 리셋

일을 통해 삶에서 새로운 변화와 성장을 만들어내는 데는 많은 에너지가 필요하다. 만일 자신이 가지고 있는 오감을 모두 활용해 새로운 변화를 모색하는 일에 에너지를 너무 많이 써버렸다면, 언젠가는 당신의 연료통을 다시 채워줘야 할 때가 올 것이다. 몸과 마음을 리셋시키는 것은 단순히 오늘의 나를 쉬게 하기 위해서만이 아니다. 다시 일어설 힘을 얻어 앞으로 나아가게끔 하는 데 더 큰 목적이 있다. 그러므로 때로는 지금 하는 일에서 완전히 로그아웃하고, 나를 제대로 쉬게 하자.

Q. 완전히 비우고 채우기 위해서 어떤 쉼이 필요할까? 나는 무엇을 리셋하면 좋을까?

휴식은 '잠깐 멈춤' 이상의 역할을 한다. 휴식을 통해 우리는 새로운 에너지를 얻어 생각을 확장시킬 수도 있고, 묵혀두었던 괴로운 감정들을 자연스럽게 날려버리기도 한다. 그러므로 적어도 한 달에 한두 번은 모니터 앞을 벗어나서 자신의 일상과 전혀 무관한 장소에 스스로를 놓아두자. 집에서 멀지 않은 조용한 카페도 좋고, 학생 때 가본 이후로 한 번도 가본 적이 없던 박물관도 좋다. 시간이 좀 더 허락된다면 지도를 펴서 한 번도 가보지 않았던 지방의 작은 소도시로 짧은 여행을 가보는 것도 좋은 휴식이 될 수 있다. 매일 보던 사람들, 일, 고민거리에서 하루 정도는 멀리 떨어져서 머리를 맑게 비우면 현실을 자각하는 눈이 훨씬 더 예리해질 수 있다. 더불어서 반복되는 일상의 소중함도 함께 느낄 수 있다.

진정한 휴식은 마치 헬리콥터를 타고 내가 있던 자리를 하늘 위에서 내려다보는 듯한 경험을 선사하는 휴식이다. 생경한 눈으로 내가 있던 자리를 멀리서 바라보는 경험은 일을 바라보는 관점을 건강하게 만들어주고, 나의 에너지를 긍정적으로 향상시켜주는 역할을 할 것이다.

노력과 성취

원하는 목표의 끝에서 현재를 바라보는 시간을 자주 가져보는 것도 좋다. 우리는 보통 목표를 설정할 때, 현재의 위치를 우선 파악한 뒤 목표 지점에 도달하기 위해서 우리가 해야 하는 구체적인 일들을 나열하곤 한다. 그런데 그럴 경우, 당장 해야만 하는 많은 일들과 현재의 부족한 내 처지가 도드라져 보여서, 마치 아주 긴 여행을 시작한 첫날 아침처럼 막막한 느낌에 사로잡힐 수 있다.

그럴 때 그 막막한 기분을 덜어내는 가장 좋은 방법은 끝에서 현재를 바라보는 것이다. 미래의 시점에서 현재를 바라보는 것을 비즈니스 용어로 '백캐스팅Baskcasting'이라고 한다. 아무것도 채워지지 않은 곳을 어떤 식으로 하나씩 채워갈지 생각하는 것을 '계획'이라 한다면, 백캐스팅은 이와는 반대로 꽉 채워진 공간이 어떤 것들로 이루어졌는지 떠올려보는 것이다.

내가 계획했던 것들이 이루어진 그 순간으로 자신을 초대해보자. 노력했던 일의 결과물, 그 성취와 함께하는 사람들, 가장 감사하고 싶은 사람들, 축하하는 장소, 축하받는 말들, 그것들을 가능하면 생생하게 상상해보고, 그때 나에게 누군가 이런 질문을 한다고 떠올려보자.

Q. 당신은 이 대단한 성취를 달성함에 있어, 지난 시간 동안 어떤 노력을 하셨습니까?

미래의 그 지점으로 미리 가서 오늘의 나에게 이 지점까지 오려면 어떻게 해야 하는지, 앞으로 헤쳐 나가야 하는 장애물들에는 무엇이 있는지 미리 예언해주자. 그 예언은 지금의 나에게 커다란 용기와 힘이 되어줄 것이다. 미래의 내가 지금의 나에게 해주는 속삭

임을 또렷이 기억하고, 지금 해야 할 것들을 차분히 디자인해보자.

그리고 진정한 삶의 주인이 되기 위한 이 여정에

지금까지 함께한 당신은,

이미 워크디자이너가 되었다.

그리고 일이 변했다

지금 생각해보니, 5년 전 이 일을 시작할 때 우리는 참 겁이 없었다. 수중에 가진 것이라고는 타오르는 궁금증과 호기심뿐이었다. 어떻게 콘텐츠를 개발해야 할지에서부터 어떤 고객을 먼저 만나야 하는지에 이르기까지 우리는 아는 것이 전혀 없었다. 답을 모르니 무식하게 몸으로 부딪쳐가며 찾아내고 습득할 수밖에 없었다. 그때 용감하게도, 우리가 풀고 싶은 미션은 딱 하나였다.

'어떻게 하면 밥벌이의 지루함을 깨뜨릴 교육 과정을 만들 것인가?'

우려했던 바대로 '일을 디자인하다'라는 우리의 생각은 세상에 쉽게 받아들여지지 않았다. 키워드로 이해하기에는 너무 광범위하기도 했고, 기존에 있었던 직업 관련 교육과는 완전히 결을 달리했기 때문이었다. 고객으로부터 수백 번의 거절을 당했고, 수천 번 이상 자료를 수정했다. 그렇게 5년의 세월을 보내고 나니, 당시에는 아무도 알아주지 않았던 콘텐츠가 이제는 어느덧 대학에서 정규 수업이 편성될 정도로 성장했다. 그렇게 지난 시간 동안 콘텐츠를 여러 차례 만들고 부수는 과정에서 새롭게 발견한 노하우를 끊임없이 우리 스스로에게 실험했고 그 결과를 다시 모았다. 앞서 소개한 워크디자인의 과정은 우리가 고객들에게 가르친 내용이기도 했지만 우리의 삶을 살아내는 과정이기도 하다. **워크디자인은 우리가 일하는 방법이자, 삶을 살아가는 방식이었다.**

일은 우리의 인생에 씨줄과 날줄처럼 얽혀 있기에, 워크디자인 역시 세월이 흐름에 따라 진화하고 성장했다. 이 책이 출간되고 몇 년 후에는 어떤 형태로 우리의 일들이 진화할지 아무도 예상할 수 없다. 하지만 예측이 되지 않는다고 해서 길을 잃어버린다는 뜻은 아니다. 어떤 미래를 살든, 결국 우리는 우리의 재능으로 누군가의 문제를 돕는 일을 하고 있을 것이 분명하기 때문이다.

집필하는 내내, 자녀를 키우고 있는 엄마의 입장에서도 이 책을 바라보곤 했다. 아이들에게 세상을 살아가는 데 필요한 단 하나의 기술 혹은 지식만 알려줄 수 있다면, 정녕 그것이 우리가 말하는 콘텐츠가 될 수 있는가? 그 질문에 우리는 서슴없이 그렇다고 답할 수 있다. 그럴 수 있다고 믿는다. 자신의 재능을 되돌아보고, 고객을 탐색하고, 용기를 내어 서비스를 전달하는 이 일련의 과정은 아이들이 어떤 미래를 살아가든지 간에 인생을 살아가는 데 있어 꼭 필요한 지혜가 될 수 있다고 믿기 때문이다. 결국, 인간은 자신을 스스로 돕고, 나아가 누군가를 돕는 일을 하며 살아가지 않는가? 언젠가 우리 아이들이 커서 이 워크디자인을 이해한다면, 그 아이가 어디에서 어떤 일을 하며 살아가든 부모로서 걱정할 필요가 없을 듯하다.

이 책을 읽고 먼 길을 떠날 독자들에게, 워크디자인의 여정을 이끌어가는 동력은 무엇이며, 그 동력은 어디에서 구하는 것이 좋을지에 관해서도 이야기하고 싶다. 가치 있는 상황, 가치 있는 결과물을 만들기 위해서 우리는 '용기'라는 뜨거운 연료를 우리에게 던져줘야 한다. 다행스럽게도 이 용기라는 연료는 스스로에게서 구할 수 있다. 그러니 어떠한 상황이 오든 자신을 믿어주도록 하자. 그 무엇에도 흔들리지 않고 자신을 잘 믿어주기만 해도, 당신은 당신이 하는 일의 주인이 되어 삶을 살아나갈 수 있다. 오늘의 도전과 실패가 언젠가는 성공의 밑거름이 될 것이라는 사실을 의심하지 않고, 그렇게 한 발짝씩 움직일 수 있다면 당신은 지금까지 보지 못했던 새로운 일과 인생을 만날 수 있을 것이다. 그 사실을 우리는 굳게 믿는다.

우리는 이 책이 독자들에게 다시 '일의 푸르름'을 회복하는 열쇠가 되길 바란다. 앞에서 소개한 다양한 내용과 연습 방법들을 이용해 일과 나의 관계를 새로운 시각에서 그릴 수 있으면 좋겠다. '일'이라는 거대한 그림을 몇 조각의 작은 그림으로 나누어, 먼지가 쌓인 부분은 깨끗이 청소하고, 새로운 희망을 꿈꿀 수 있는 부분에는 빛을 가득 비추길 바란다. 그래서 '일에 대한 우리의 마음'이 다시 푸르른 봄날처럼 쇄신될 수 있기를 바란다.

이 책의 표지에는 두 명의 이름이 저자로 새겨져 있지만, 사실 이 책은 수많은 사람들 덕분에 쓰였다. 남녀노소를 아우르며 교육장에서 만난 수많은 분들이 일터 안팎에서 자신이 살아가는 이야기를 우리에게 기꺼이 진솔하게 나눠주셨다. 이 지면을 빌려 우리에게 시간을 내어주고 마음을 열어주신 분들에게 깊은 감사를 전한다. 그리고 이 모든 여정을 함께하며 묵묵히 지원해준 워디랩스 연구소의 동료 엘리Eille와 싱가포르에 있는 지니Jinnie에게도 커다란 마음의 빚을 졌다. 또한 우리 둘의 '워크디자인' 과정과 책을 쓰는 시간을 존중해주고, 헌신적인 도움을 준 가족에게 사랑을 담아 깊은 감사를 표현하고 싶다. 우리가 이 책에 적은 워크디자인에 관한 모든 내용은 교육생의 이야기에서 시작되었고, 에디터님과의 논의로 마무리되었다. 그 시작과 마무리를 붙잡아주신 분들이 없었더라면 우리의 생각은 결코 활자화될 수 없었을 것이다.

우리의 이야기는 여기에서 마무리되지만 당신의 이야기는 여기에서부터 시작되길 소망한다. 책장을 덮고 나서 당신의 일을 생각할 때 당신의 마음이 1℃ 정도 더 뜨겁게 데워질 수 있다면 우리의 작은 임무는 완수된 셈이다. 훗날 우리가 책 바깥에서 당신을 만나게 되면 그때 우리가 당신의 새로운 이야기를 들을 수 있기를 바란다. 바라건대, 당신이 이렇게 이야기해주기를 소망해본다.

'워크디자인을 알게 되었고, 그리고 일이 변했다.'

당신과 일.
그것이 설렘의 충분한 시작이길 바라며.

혜은 & 쟈스민

〈단행본〉

- 강상중, 『나를 지키며 일하는 법』, 노수경 옮김, 사계절, 2017.
- 김주환, 『회복탄력성』, 위즈덤하우스, 2019.
- 다니엘 핑크, 『드라이브』, 김주환 옮김, 청림출판, 2011.
- 다니엘 핑크, 『파는 것이 인간이다』, 김명철 옮김, 청림출판, 2013.
- 로먼 크르즈나릭, 『공감하는 능력』, 김병화 옮김, 더퀘스트, 2018.
- 마스다 무네아키, 『지적자본론』, 이정환 옮김, 민음사, 2015.
- 마틴 셀리그만, 『학습된 낙관주의』, 최호영 옮김, 21세기북스, 2008.
- 미하이 칙센트미하이, 『몰입의 즐거움』, 이희재 옮김, 해냄, 2007.
- 브레네 브라운, 『라이징 스트롱』, 이영아 옮김, 이마, 2016.
- 아브라함 H. 매슬로, 『존재의 심리학』, 정태연·노현정 옮김, 문예출판사, 2005.
- 애덤 그랜트, 『오리지널스』, 홍지수 옮김, 한국경제신문사, 2016.
- 애덤 그랜트, 『Give and Take(기브앤테이크)』, 윤태준 옮김, 생각연구소, 2013.
- 앤절라 더크워스, 『그릿』, 김미정 옮김, 비즈니스북스, 2016.
- 윤정구, 『진정성이란 무엇인가』, 한언, 2012.
- 이소윤·이진주, 『9번째 지능』, 청림출판, 2015.

- 장원섭, 『다시, 장인이다』, 영인미디어, 2018.
- 조안 B. 시울라, 『일의 발견』, 안재진 옮김, 다우, 2005.
- 질 들뢰즈, 『푸코』, 허경 옮김, 그린비, 2019.
- 최인철, 『프레임』, 21세기북스, 2016.
- 테일러 피어슨, 『직업의 종말』, 방영호 옮김, 부키, 2017.
- 피터 드러커, 『프로페셔널의 조건』, 이재규 옮김, 청림출판, 2012.
- 한병철, 『피로사회』, 김태환 옮김, 문학과지성사, 2012.
- 홀거 하이데, 『노동 사회에서 벗어나기』, 강수돌 외 옮김, 박종철출판사, 2000.
- Alex Linley, Janet Willars & Robert Biswas-Diener, 『The Strengths Book』, CAPP Press, 2010.
- Barbara L. Fredrickson, 『Love 2.0: How Our Supreme Emotion Affects Everything We Feel, Think, Do, and Become』, Penguin Group USA, 2013.
- Christopher Peterson & Martin E. P. Seligman, 『Character strengths and virtues』, New York: Oxford University Press, 2004.
- Tom Rath & Barry Conchie, 『Strengths Based Leadership: Great Leaders, Teams, and Why People Follow』, New York: Gallup Press, 2008.

〈논문〉

- Francesca Elston & Dr Ilona Boniwell (2011). "A grounded theory study of the value derived by women in financial services through a coaching intervention to help them identify their strengths and practise using them in the workplace." International Coaching Psychology Review 6(1), 16-32.
- Govindji. R. & Linley, P. A. (2007). "Strengths use, self-concordance and well-being: Implications for strengths coaching and coaching psychologists." International Coaching Psychology Review 2(2), 143-153.
- Harris, A. H. S., Thoresen, C. E. & Lopez, S. J. (2007). "Integrating positive psychology into counselling: Why and (when appropriate) how." Journal of Counselling & Development 85, 3-14.
- Harter, J. K., Schmidt, F. L. & Hayes, T. L. (2002). "Business-unit-level relationship between employee satisfaction, employee engagement, and business outcomes: A meta-analysis." Journal of Applied Psychology 87, 268-279.
- Hutchinson, J. and Lema, J. (2009). "Ordinary and extraordinary narratives of heroism and resistance: Uncovering resilience, competence and growth." Counselling Psychology Review Vol: 24, No.3/4, 9-15.

- Linley, P. A., Woolston, L. & Biswas-Diener, R. (2009). "Strengths coaching with leaders." International Coaching Psychology Review 4(1), 37-48.
- Teresa Clifford, Twickenham & Middlesex (2011). "What happens when coaches explore their strength?" International Journal of Evidence Coaching and Mentoring.
- Wendy Madden, Suzy Green & Anthony M. Grant (2011). "A pilot study evaluating strengths-based coaching for primary school students: Enhancing engagement and hope." International Coaching Psychology Review 6(1).

KI신서 9292

워크디자인

1판 1쇄 인쇄 2020년 9월 3일
1판 1쇄 발행 2020년 9월 10일

지은이 최혜은·쟈스민 한
펴낸이 김영곤
펴낸곳 (주)북이십일 21세기북스

정보개발본부장 최연순
정보개발2팀 최정미 김연수 최유진
마케팅팀 강인경 박화인 한경화
영업본부 이사 안형태 **영업본부장** 한충희
출판영업팀 오서영 최명열
제작팀 이영민 권경민
디자인 강수진

출판등록 2000년 5월 6일 제406-2003-061호
주소 (10881) 경기도 파주시 회동길 201(문발동)
대표전화 031-955-2100 **팩스** 031-955-2151 **이메일** book21@book21.co.kr

(주)북이십일 경계를 허무는 콘텐츠 리더
21세기북스 채널에서 도서 정보와 다양한 영상자료, 이벤트를 만나세요!

페이스북 facebook.com/21cbooks   **포스트** post.naver.com/21c_editors
인스타그램 instagram.com/jiinpill21   **홈페이지** www.book21.com
유튜브 youtube.com/book21pub
서울대 가지 않아도 들을 수 있는 명강의! 〈서가명강〉
유튜브, 네이버, 팟빵, 팟캐스트에서 '서가명강'을 검색해보세요!

© 최혜은·쟈스민 한, 2020
ISBN 978-89-509-8977-4 03320